cDv
DRESSLER

Endre Lund Eriksen

BESTE FREUNDE, KAPIERT!

Deutsch von Maike Dörries

Cecilie Dressler Verlag · Hamburg

Diese Übersetzung erscheint mit freundlicher
Unterstützung von NORLA, Oslo.

Originaltitel: *Pitbull-Terje går amok*
Aus dem Norwegischen von Maike Dörries
Einband von Tanja Selzer
unter Verwendung eines Fotos von Nils Willbrandt
Satz: UMP Utesch Media Processing GmbH, Hamburg
Druck und Bindung: GGP Media GmbH, Pößneck
Printed in Germany 2005
ISBN 3-7915-2852-1

www.cecilie-dressler.de

Dank an alle lieben Helfer.
Speziell an Ingrid.

DER VERRÜCKTE NEUE

Heute ist ein verrückter Junge neu zu uns in die Klasse gekommen«, erzähle ich Mama, während ich mir Pfannkuchen mit Blaubeermarmelade in den Mund schiebe.
Ich sehe zu ihr rüber. Sie spült gerade die Bratpfanne, in der sie die leckeren Pfannkuchen gebacken hat. Ihre Bewegungen sind ein wenig steif. Das bedeutet, dass sie ein bisschen Angst hat.
An manchen Tagen hat sie große Angst. Dann bleibt sie einfach im Bett liegen oder sitzt völlig angespannt im Bademantel am Küchentisch. An anderen Tagen hat sie überhaupt keine Angst. Dann läuft sie in ganz normalen Kleidern durch die Wohnung. Heute trägt sie einen Bademantel über ihrem Nachthemd und übergroße Puschen, in denen ich mir gern die Füße wärme, nachdem sie sie benutzt hat.
»Oh«, sagt sie.
Was entweder bedeutet, dass sie keine Angst hat, oder dass sie nicht gehört hat, was ich gesagt habe. Um zu wissen, woran ich bin, frage ich direkt nach: »Hast du heute einen Angsttag?«
»Ach, ich komme über die Runden.«

Nicht alle Mütter haben Humor. Meine Mutter schon. Sie macht über alles Witze.
Ich erzähle ihr, dass der Neue einen Pitbull-Terrier hat.
Sie hört auf zu schrubben.
»Einen Pitbull-Terrier?«, fragt sie mit ihrer Angststimme. Die Angststimme ist eine heisere Flüsterstimme. Die Angststimme ist immer kurz vorm Umkippen.
»Aber der blufft bestimmt nur«, sage ich, um sie zu beruhigen.
Mama setzt sich zu mir an den Tisch, obwohl sie nichts essen will. Wenn sie Angst hat, isst sie grundsätzlich nichts. Darum ist sie auch so dünn. Weil sie ziemlich oft Angst hat.
»Ich habe übrigens einen Weihnachtsbaum bestellt«, sagt sie und versucht zu lächeln. Aber das Lächeln sieht aus, als ob es sich jeden Augenblick in Luft auflösen könnte. Und genau das tut es auch. Jetzt sieht sie nur noch traurig aus.

PITBULL-TERJE RASTET AUS

Unser Lehrer Bernt hatte uns schon im Voraus eingetrichtert, dass wir nett zu dem Neuen sein sollten, was mir ehrlich gesagt ziemlich verdächtig vorkam.

»Wahrscheinlich ist er ein Mongo«, sagte Kurt, während wir auf das Klingeln zur ersten Stunde warteten.

»Oder ein Homo«, sagte Roger.

Kurt und Roger sind meine besten Freunde. Kurt ist der Coolere von beiden. Er hat trendige Klamotten und immer einen lässigen Spruch auf Lager.

»Du darfst auf keinen Fall nett zu ihm sein«, sagte Kurt zu mir. »Sonst glaubt der noch, du magst ihn oder so. Und dann wirst du ihn nicht mehr los. Am Ende kriegst du ein Weihnachtsgeschenk von ihm, und das war's dann.«

»Ja, voll typisch!«, stimmte Roger ein.

Roger ist nicht so cool wie Kurt. Das liegt zum einen an seiner Zahnspange. Und an dem Basecap, das er sogar im Winter trägt, wo einem fast die Ohren abfallen.

Es klingelte und vor der Tür begann das große Drängeln.

Kurt entdeckte ihn als Erster.

»Wow, seht euch den mal an!«, sagte er und zeigte über den Schulhof.

Dummerweise bin ich so klein, dass ich nicht über die Köpfe der anderen schauen konnte.
»Hört auf zu drängeln!«, quengelte ein Mädchen.
Ich erkundigte mich bei Kurt, was los war.
»Da kommt der Neue«, erklärte Kurt. »Mann, ist der fett!«
Es wurde geflüstert und getuschelt, vereinzelt war ein Kichern zu hören und irgendjemand sagte »Oh, mein Gott!«.
Die Menge teilte sich und es entstand eine Schneise. Und dort, am Ende der Schneise, sah ich ihn. Den Neuen. Mamma mia, war das ein Koloss! Der reinste Sumoringer.
Er kam auf uns zu. Die Fettpolster wogten und seine Hängebacken wackelten wie bei einer Bulldogge. Alle wichen ihm aus, nur einer aus der 4 c war ein wenig zu langsam und geriet ihm in die Quere. Der Neue schubste ihn einfach beiseite, worauf der Junge aus der 4 c den Rüssel in den Asphalt bohrte und anfing zu heulen.
Vor der Tür stand ein Mädchen mit Zöpfen. Sie sprang hektisch zur Seite, als der Neue die Türklinke packte und daran rüttelte.
Die Tür war abgeschlossen.
Es wurde mucksmäuschenstill. Irgendwo war ein Flüstern zu hören. Kurt traute sich als Erster, etwas zu sagen.
»Bist du der Neue?«
Der fette Kerl drehte sich in Zeitlupe zu uns um. Sehr Vertrauen erweckend sah er nicht aus.
»Wie heißt du?«, fragte Kurt weiter. Er klang ganz freundlich, aber ich kenne Kurt: Das war nur vorgetäuscht.

Der Neue murmelte etwas, das ungehört in den Falten seiner dicken Wangen unterging.
»Wie bitte?«
»Terje«, antwortete der Neue.
»Ich hab dich immer noch nicht verstanden«, sagte Kurt. »Sagtest du Tonnen-Terje?«
Irgendwer prustete los.
Tonnen-Terje durchbohrte Kurt mit einem zornigen Blick.
»Tonnen-Terje!«, wiederholte Kurt.
»Weil du rund wie eine Tonne bist«, fügte Roger erklärend hinzu.
Ich musste lachen, aber das Lachen blieb mir schon im nächsten Augenblick im Halse stecken, als Tonnen-Terje sich auf Kurt stürzte, ihn zu Boden warf und sich mit seinem voluminösen Körper auf ihn draufsetzte.
Auf dem ganzen Schulhof war kein Laut mehr zu hören.
»Ich heiße Pitbull-Terje«, kläffte Pitbull-Terje und schüttelte Kurt, den er am Hals gepackt hatte, wie eine Schlenkerpuppe hin und her. Kurt lief knallrot an und begann zu röcheln. Ich sah zu Roger. Aber der stand reglos da und glotzte nur, völlig unter Schock.
Aus Kurts Kehle drangen halb erstickte Gurgellaute. Pitbull-Terje drückte noch fester zu und fletschte die Zähne.
»Und wenn du mich jemals anders nennst, wird mein Pitbull-Terrier dir einen Besuch abstatten!«, fauchte er. »Hast du das verstanden?«
Kurt nickte.

Pitbull-Terje ließ ihn los und stand auf. Eine Sekunde später bog Bernt um die Ecke und schloss die Tür auf. Pitbull-Terje stürmte als Erster hinein.
Roger und ich halfen Kurt auf die Beine.
»Verdammt, aus dem Idioten mach ich Hackfleisch!«, hustete Kurt.
Da war ich ganz seiner Meinung. So kann man sich einfach nicht aufführen.

DER PITBULL-TERRIER

Irgendwie habe ich den Verdacht, dass Pitbull-Terje es auf mich abgesehen hat.

Bernt und Pitbull-Terje waren zusammen losgegangen und kurze Zeit später mit einem Neuntklässlertisch und einem Neuntklässlerstuhl zurückgekommen. Der Kerl ist wirklich groß. Von meinem Platz aus konnte ich sehen, wie Bernt Pitbull-Terje etwas fragte, worauf Pitbull-Terje seinen fiesen Blick durch die Klasse schweifen ließ und schließlich an *mir* hängen blieb. Aber damit nicht genug: Er *zeigte* auch noch auf mich! Gleich darauf wurde der große Tisch neben meinen gewuchtet.

Normalerweise macht mir so schnell niemand Angst. Aber dieser riesige Sumoringer, der soeben den coolsten Jungen der Klasse platt gemacht hatte, war Grund zur Sorge.

Ich schielte zu Kurt rüber, um ihm mit genervter Grimasse zu signalisieren, wie ätzend ich es fand, dass Pitbull-Terje sich mir so unverschämt aufdrängte. Aber Kurt starrte mit seinem coolsten Blick nach vorn, lässig wie immer.

Bernt fragte Pitbull-Terje, ob er sich kurz vorstellen wollte, worauf Pitbull-Terje so energisch den Kopf schüttelte, dass seine Wangen schwabbelten.

»Willst du uns nicht wenigstens sagen, woher du kommst?« Bernts Stimme klang ein ganz klein bisschen unsicher.
»Den Teufel werde ich tun!«
Ein Mädchen in der vorderen Reihe schnappte nach Luft.
»Was ist denn in den gefahren!«, murmelte Hanne und glotzte Terje an, wobei ihre ohnehin schon großen Augen noch größer waren als sonst.
Normalerweise meldet Kurt sich nie, er quatscht einfach drauflos. Aber nun streckte er die Hand hoch in die Luft.
»Fluchen ist verboten! Sie müssen mit ihm zum Rektor gehen!«
»Kümmer du dich um deinen eigenen Kram«, sagte Bernt gereizt, ging zu Pitbull-Terjes Tisch und beugte sich zu ihm runter. »So eine Ausdrucksweise will ich in dieser Klasse nicht hören«, sagte er.
»Ich sage, verdammt noch mal, was ich will!«, fauchte Pitbull-Terje ihn an.
Mehr wurde zu diesem Thema nicht gesagt.
Bernt forderte uns auf, etwas zu malen, und das taten wir. Nach einer Weile hörte ich, wie Pitbull-Terje sich neben mir räusperte. Ich sah zu ihm. Er hielt mir sein Bild hin: ein brauner Hund mit nadelspitzen Draculazähnen, von denen Blut tropfte.
Ich glaube, das sollte sein Pitbull sein.

DAS GEHEIMVERSTECK

Es hat Vor- und Nachteile, eine Mutter zu haben, die Angst hat. Genauso wie es Vor- und Nachteile hat, dass ich den ganzen Einkauf alleine machen muss. Der Vorteil ist, dass ich so zwischendurch eine Extraflasche Cola, eine Tüte Chips oder Süßigkeiten mitnehmen kann, auch wenn kein Wochenende ist. Der Nachteil ist, dass ich alles alleine schleppen muss.

Verglichen mit anderen Müttern ist Mama ganz in Ordnung. Sie schimpft nicht übermäßig oft. Und ich kriege genügend Geld, um mir am Samstag Süßigkeiten oder was zu knabbern zu kaufen. Ich darf ziemlich lange aufbleiben, obwohl ich, wenn es nach mir ginge, gern noch länger aufbleiben würde.

Aber der größte Nachteil, eine Mutter zu haben, die Angst hat, ist der, dass ich niemanden mit nach Hause bringen kann. Zum einen, weil sie Angst kriegen könnte. Zum anderen, weil meine Freunde dann mitkriegen könnten, dass sie Angst hat. Das ist der Grund, warum ich die Anzahl meiner Freunde möglichst gering halte.

Kurt und Roger wollten schon öfter mit zu mir kommen, aber ich habe ihnen jedes Mal gesagt, dass das nicht geht, weil Mama krank ist. Mama ist auch tatsächlich krankgeschrieben, also ist das noch nicht mal eine Lüge. Erwachsene müssen ihrem Chef nicht erzählen, was ihnen fehlt, wenn sie krankgeschrieben sind. Da ist es nur gerecht, wenn ich Kurt und Roger auch nicht erzähle, was Mama fehlt.

Offiziell habe ich mit dem Playmobilspielen aufgehört. Das passt nicht, wenn man mit Kurt und Roger befreundet ist. Die haben schon vor Ewigkeiten damit aufgehört. Playmobil ist superkindisch, sagt Kurt. Eigentlich bin ich absolut seiner Meinung. Aber es dauert halt seine Zeit, es sich abzugewöhnen.

Ich habe meine Playmobilsachen in einen alten Bunker am Meer gebracht, der aus dem Krieg übrig geblieben ist. Dahin gehe ich immer, wenn Mama Zeit für sich allein braucht. Oder wenn *ich* ein bisschen Zeit für mich allein brauche. Es ist die Hölle, mit Mama in einer Wohnung zu sein, wenn sie deprimiert ist und Angst hat. Dann kann ich kaum atmen, ohne dass sie sich beschwert, es wäre zu laut. Sobald von draußen das kleinste Geräusch hereindringt, muss ich nachsehen, ob auch niemand versucht einzubrechen. Und alle naselang muss ich kontrollieren, ob die Tür abgeschlossen ist. Wenn dann auch noch das Telefon klingelt, ist sie sicher, dass jemand ihr, aus welchem Grund auch immer, an den Kragen will, und kriegt Todesängste.

Darum ist das mit dem Bunker ziemlich praktisch.

Gleich neben dem Bunker ist ein Parkplatz. Jeder Platz hat einen Stromanschluss, den man nutzen kann, um im Winter sein Auto vorzuwärmen. Ich habe mir ein Verlängerungskabel besorgt, das ich dort einstöpsele, wenn ich im Bunker bin. Im Sperrmüll habe ich einen alten, durchgesessenen Sessel und eine Stehlampe aufgetrieben. Mama hat mir ihren alten Heizlüfter geliehen, weil es im Winter in so einem Bunker unglaublich kalt werden kann.
Mama ist die Einzige, die von dem Bunker weiß. Kurt und Roger dürfen auf keinen Fall davon erfahren. Jedenfalls nicht, solange ich mir das Playmobilspielen noch nicht abgewöhnt habe.
Der Bunker und Mama sind meine größten Geheimnisse.

DIE ABREIBUNG

In der großen Pause qualmen Kurt und Roger nach dem knallharten Mathetest erst mal eine wohlverdiente Zigarette hinterm Fahrradschuppen. Ich stehe Schmiere, weil ich nicht rauche. Noch nicht jedenfalls.
Sie diskutieren, wie sie Pitbull-Terje fertig machen können.
»Wenn wir ihn fertig machen, dann aber richtig«, sagt Kurt.
»Der kriegt Kloppe, dass es kracht!«, sagt Roger. »Eine richtig fette Abreibung.«
»Ausgewachsene Knochenbrecherkloppe«, sagt Kurt.
»Einverstanden«, sagt Roger.
Kurt und Roger wollen eine Fete machen. Bestimmt kriege ich wieder aufgebrummt, Zigaretten und Bier zu besorgen. Da ich meist für Mama einkaufen gehe, schreibt Kurt zwischendurch gefälschte Zettel in Mamas Namen, auf denen steht, dass ich mit ihrem Einverständnis Zigaretten kaufen darf. Da die Verkäuferinnen nicht wissen, dass Mama Nichtraucherin ist, ist es bisher immer gut gegangen. Kurt ist überzeugt, dass es genauso gut klappen würde, wenn er schreibt, dass ich Bier für Mama kaufen soll.
»Er ist zwar ein echter Brocken, aber wenn wir beide gleichzeitig auf ihn losgehen, schaffen wir ihn mit links«, sagt Kurt.

»Mit meiner Hilfe bestimmt«, sage ich.
Ich glaube, sie haben mich nicht verstanden, weil sie weiter Kloppe-Pläne schmieden, ohne mich einzubeziehen.
»Ich hätte ihn auch locker allein fertig gemacht«, sagt Kurt und fuchtelt mit der Zigarette in der Luft herum, dass die Asche nur so bröselt. »Wenn ich gewollt hätte. Aber ich wollte nicht. Es ist witzlos, seine Energie allein an so einen Kerl zu verschwenden.«
Roger nimmt Kurt die Zigarette aus der Hand.
»Der ist echt verrückt«, sagt Roger und saugt an der Zigarette. »Hätte nicht viel gefehlt und er hätte dich umgebracht!«
Er lässt den Rauch aus seinem Mund strömen. Kurt starrt ihn wütend an.
»Was redest du da für einen Schwachsinn?«
»Du warst doch puterrot im Gesicht«, sagt Roger unsicher.
Ihm ist klar, dass er übers Ziel hinausgeschossen ist.
»Aber nicht, weil ich mich nicht wehren konnte!«, brüllt Kurt.
Roger blickt zu Boden.
»Nur, weil ich so wütend war!«
Roger nickt.
»Natürlich hätte ich mich wehren können«, schnaubt Kurt und schnappt sich die Zigarette.
Kurt gewinnt alle Diskussionen. Darum mag ich ihn.

DER EINDRINGLING

Kurt, Roger und ich haben den gleichen Weg nach Hause. Da sie auf keinen Fall mitbekommen dürfen, was mit Mama los ist, schlendere ich im Schneckentempo die Sackgasse rauf, in der unser Haus liegt, damit Kurt und Roger hinter der Kurve verschwunden sind, wenn ich die Tür erreiche. Ich klopfe dreimal, unser geheimes Signal. Mama schließt auf und öffnet die Tür einen Spaltbreit. Die Sicherheitskette spannt sich, aber Mama ist nicht zu sehen. Sie versteckt sich hinter der Tür.

»Ich bin's«, sage ich.

Da lässt sie mich rein.

Mama verschwindet auf direktem Weg in ihrem Zimmer und legt sich aufs Bett. Das Licht brennt und die Tür ist angelehnt. Sie hat nichts zu essen gemacht. Das bedeutet, dass sie heute große Angst hat.

Ich koche mir so geräuschlos wie möglich ein paar Nudeln. Trotzdem fragt Mama, was das für ein Lärm ist.

»Das bin nur ich«, sage ich.

»Hast du auch die Tür abgeschlossen?«, fragt Mama mit ihrer Angststimme.

Natürlich habe ich die Tür abgeschlossen.

»Und die Sicherheitskette vorgelegt?«
Langsam verliere ich die Geduld.
»Ja!«
Ich esse vor dem Fernseher. Den Ton habe ich abgestellt, weil Mama jedes Geräusch zu viel ist.
Da knallt etwas gegen die Scheibe. Ich zucke zusammen. Mama heult auf: »Was ist da los?«
Ich schiebe die Gardine zur Seite und sehe außen an der Scheibe einen Schneeball heruntergleiten. Auf der Straße rennen ein paar Kinder davon.
Mama ist völlig aus dem Häuschen. Es nützt nichts, dass ich ihr sage, dass das nur ein paar Kinder waren. Ihr Atem geht keuchend und hektisch. Es bleibt mir nichts anderes übrig, als ihre Hand zu halten.
»Ich habe das Gefühl, dass irgendetwas Schreckliches passieren wird«, flüstert sie und umklammert meine Hand so fest, dass es wehtut.
»Was soll denn passieren?«, frage ich.
»Das weiß ich nicht«, sagt sie, »irgendetwas Schreckliches.«
Mama hat häufiger mal das Gefühl, dass etwas Schreckliches bevorsteht.
Wir kommen überein, dass es wohl für uns beide das Beste ist, wenn ich einen Ausflug zum Bunker mache.
Auf dem Parkplatz entdecke ich, dass der Stecker steckt. Das ist sehr merkwürdig. Ich ziehe ihn grundsätzlich raus, bevor ich gehe. Ich nehme die Taschenlampe aus der Tasche und schleiche das restliche Stück.

Die Tür des Bunkers ist angelehnt, dabei weiß ich genau, dass ich sie gestern zugezogen habe.
Ich schleiche mich vorsichtig an und spähe durch den Türspalt.
Und kriege einen Schock.
Da drinnen sitzt, so wahr ich Jim heiße, Pitbull-Terje und spielt mit meinem Playmobil!

DER BUNKER GEHÖRT MIR!

Pitbull-Terje ist lebensgefährlich. Kurt hat jedenfalls das Gerücht gehört, dass er da, wo er vorher gewohnt hat, einen erwachsenen Mann vertrimmt hat. Das war wahrscheinlich auch der Grund, warum sie umziehen mussten. Ich laufe eilig nach Hause und hole ein altes Vorhängeschloss aus meiner Kramkiste. Dann verstecke ich mich im Wald hinter dem Bunker und warte, bis Pitbull-Terje die Böschung vor dem Bunker hochgeeiert kommt. Er sieht sich immer wieder um, während er davontrottet. Sobald er außer Sichtweite ist, renne ich zum Bunker und verriegele die Tür mit dem Vorhängeschloss. Das ist *mein* Bunker!

Am nächsten Tag ist das Schloss aufgebrochen. Es liegt verbogen auf dem verschneiten Boden. Pitbull-Terje hat ein neues Vorhängeschloss angebracht, mindestens doppelt so groß wie meins. So ein Drecksack. An der Tür klebt das Bild von dem Pitbull-Terrier, das er in der Schule gemalt hat. Darauf steht mit großen Buchstaben: *ACHTUNG! BISSIGER PITBULL-TERRIER!*
Dieser feige Fettkloß!
Ich lege das Ohr an die Tür, kann aber nichts hören.

Pitbull-Terrier sind lebensgefährlich.
Oder sehen sie nur so aus?
Ich gehe in die Tierhandlung, um mehr über sie in Erfahrung zu bringen. Hinter der Theke steht ein großer Kerl mit Glatze. Er hat superkräftige Oberarme mit riesigen Tätowierungen und sieht mich grimmig an.
»Ich hätte gern ein paar Informationen«, sage ich.
Der Mann starrt mich mit Steinblick an.
»Über Pitbull-Terrier«, erkläre ich.
Der Mann fährt fort, mich grimmig anzustarren. Kaum zu glauben, dass der im Dienstleistungsgewerbe arbeitet.
Ganz langsam beugt er sich über den Tresen zu mir vor und flüstert: »Du willst eine Pitbull-Terrier-Geschichte hören, habe ich dich richtig verstanden?«
Ich nicke unsicher.
Der Mann beugt sich noch näher zu mir herunter.
»Dafür bist du noch zu jung.«
Ich verlasse die Tierhandlung mit einem mulmigen Gefühl. Mit Pitbull-Terriern ist nicht zu spaßen, so viel habe ich begriffen. Trotzdem will ich mehr über sie wissen. Also gehe ich in die Bibliothek und schlage im Lexikon nach.

Pitbull-Terrier, Hunderasse, Kampfhund, der aufgrund rassespezifischer Merkmale, Zucht und Ausbildung eine gesteigerte Aggressivität und Gefährlichkeit Menschen gegenüber an den Tag legt. Zucht in Norwegen verboten.

Das macht mich, ehrlich gesagt, etwas nervös. Wenn da wenigstens *Wachhund* stehen würde. Das wäre ein Hoffnungsschimmer. Ein Wachhund ist eventuell sogar friedlich, wenn man nett zu ihm ist. Aber es nützt einem nichts, zu einem *Kampfhund* nett zu sein. Am allerwenigsten bei Pitbull-Terriern. Die kriegen ihre aggressiven Eigenschaften extra angezüchtet. Kuscheltiere sind das nicht gerade.
Ich setze mich an den Computer und suche im Internet nach Pitbull-Terriern. Vielleicht hat die Forschung ja in der Zwischenzeit neue Erkenntnisse gewonnen, seit das Lexikon erschienen ist. Vielleicht hat sich ja gezeigt, dass die Pitbulls nur so gefährlich sind, weil sie die falsche Nahrung bekommen haben. Dass sie eigentlich Vegetarier sind.
Aber im Internet steht:

Sechsjähriger von Pitbull-Terriern totgebissen
Schüler und Lehrer mussten hilflos und schockiert zusehen, wie in Norddeutschland ein sechsjähriger Junge von zwei Kampfhunden totgebissen wurde. Zwei Erwachsene und ein Hundebesitzer, die die Hunde zurückzuhalten versuchten, wurden ebenfalls verletzt. Bei Eintreffen der Polizei wurden die beiden Hunde erschossen.

Wenn ich es mir genau überlege, kann Pitbull-Terje den Bunker gern behalten. Ich bin mir eigentlich ziemlich sicher, dass ich mit Playmobil fertig bin.

EIN EKLIGES GEFÜHL

Mama liegt mit kreideweißem Gesicht im Bett. Ihre Lippen sind ganz trocken und sehen aus wie verkrustete Schrammen. Ich sitze auf der Bettkante und halte ihre Hand. Ihr Atem geht angestrengt. Sie kann kaum sprechen.

»Ich glaube, ich lasse Weihnachten dieses Jahr ausfallen«, sagt sie. »Das macht mich alles so schrecklich deprimiert.«

Langsam werde ich ärgerlich. So kann eine Mutter sich doch nicht aufführen. Am liebsten würde ich meine Hand wegziehen. Aber dann wird sie noch trauriger.

Stattdessen sage ich: »Ich glaube, ich höre mit der Schule auf.«

»Red keinen Blödsinn, Jim.«

»Das macht mich alles so schrecklich deprimiert.«

»Alle Kinder müssen zur Schule gehen, Jim.«

»Alle Kinder müssen Weihnachten feiern«, erwidere ich.

Mama lächelt traurig.

»Tut mir Leid«, sagt sie. »Ich hab's nicht so gemeint. Natürlich feiern wir Weihnachten. Mich strengt das alles nur so an ...«

Wir haben nur ein Schlafzimmer. Da schläft Mama. Ich wohne in einer Ecke im Wohnzimmer. Da steht mein Hochbett mit einem Schreibtisch drunter. Unsere Wohnung ist nicht sonderlich groß. Aber das ist eigentlich nicht das Problem. Das Problem ist, dass Mama ihre Tür grundsätzlich offen hat. Dadurch kriege ich immer mit, wenn es ihr schlecht geht.

Dann seufzt sie nämlich noch häufiger als sonst. Manchmal sind ihre Seufzer hoch und zittrig. Dann wieder laut, fast wie ein Stöhnen. Das hört sich dann an, als würde ihr jemand ein Messer ins Fleisch bohren.

Ab und zu spricht sie mit sich selbst. »Oh, mein Gott!« oder »Nein, so geht das nicht weiter.«.

Wenn Mama so stöhnt, kriege *ich* es mit der Angst. Es versetzt mir einen Stich ins Herz und dann läuft mir ein Schauer vom Nacken über den Rücken. Das sind Angstschauer. Ich hab Angst, dass Mama was passiert. Dass ihre Angst so groß wird, dass sie ins Krankenhaus kommt und womöglich sterben muss.

Ich weiß ja, dass Angst nur ein Gefühl ist. Aber das Gefühl ist so wirklich.

Wenn Mama Angst hat, muss es vollkommen still sein. Jedes noch so kleine Geräusch macht sie nervös. Ich kann keine CD einlegen oder fernsehen, um ihr Stöhnen nicht mehr hören zu müssen.

Deshalb war der Bunker auch so genial. Da konnte ich nach Herzenslust mit meinem Playmobil spielen, ohne darauf

achten zu müssen, ob ich Lärm mache, und ohne ständig Mamas Stöhnen hören zu müssen.
Und jetzt seufzt Mama so laut, dass bei mir dieses eklige Gefühl einsetzt. Meine Schultern und mein Nacken verkrampfen sich, als ob ich mich gegen eine drohende Gefahr wappne. Aber die Gefahr gibt es nur in meinem Kopf. Das ist nur ein *Gefühl.*
Aber Mama geht es wirklich schlecht. Richtig schlecht.

ERPRESSUNG

Es hilft alles nichts, ich muss den Bunker unbedingt zurückerobern.

Ich gehe in Gedanken durch, was ich über Pitbull-Terje weiß:

1. Er ist fett. Ich könnte ihn so lange damit aufziehen, bis er mir den Bunker freiwillig zurückgibt. Dummerweise ist er mindestens doppelt so groß wie ich. Er prügelt mich wahrscheinlich windelweich, wenn ich ihn aufziehe.
2. Er hat einen Pitbull. Das ist verboten. Wenn die Polizei davon erfährt, nehmen sie ihm den Hund weg. Der Pitbull ist wahrscheinlich sein einziger Freund. Es würde ihm sicher gar nicht schmecken, wenn die Polizei ihm den Pitbull wegnimmt.

Ich beschließe, einen Erpresserbrief zu schreiben.

Erpressung ist zwar extrem unmoralisch, aber in Notsituationen und im Krieg sind alle Mittel erlaubt.

Ich nehme ein paar alte Zeitschriften aus dem Zeitungskorb, schneide Buchstaben aus und klebe sie auf ein weißes Blatt Papier.

DeR bUnkeR Ist
PRiVATeiGeNtUm!

HaU ab,
SONSt erzählen wir
der pOlizEi vOn deinem
pItbuLl
(dAS iST nämlich veRbOteN)

Ich schreibe *wir* statt *ich*, damit Pitbull-Terje denkt, er hätte es mit einer ganzen Bande zu tun, die ihn verkloppen kann, wenn er sich weigert.

Ich dachte immer, man kriegt ein schlechtes Gewissen, wenn man jemanden erpresst. Aber auf dem Weg zum Bunker fühle ich mich einfach nur gut. Alles wird besser, ich bin ganz sicher.

Auf dem Parkplatz sehe ich zu meiner großen Freude, dass der Stecker nicht steckt. Ich pirsche mich an den Bunker ran. Das Vorhängeschloss ist noch da. Es deutet alles darauf hin, dass Pitbull-Terje nicht hier ist. Ich schleiche die Böschung runter und lege das Ohr an die Tür. Das einzige Geräusch, das ich höre, ist das Glucksen der Wellen am Strand. Ich schiebe den Umschlag mit dem Erpresserbrief hinter das Vorhängeschloss und bin mächtig zufrieden mit mir.

Als ich mich umdrehe, starre ich direkt in Pitbull-Terjes Visage. In seinen Augen ballen sich schwarze Gewitterwolken zusammen und seine Oberlippe verzieht sich zu einem höhnischen Grinsen.

»Na, hast du Post für mich?«, fragt er grinsend.

Ich schüttele den Kopf und schnappe mir den Umschlag. Da packt er mich an der Schulter und schubst mich zu Boden. Ich stoße mir den Rücken an einem Stein, als ich auf der Erde aufschlage. Ehe ich reagieren kann, hockt der gigantische Fettkloß auf mir. Er ist schwer wie ein Wal, ich kriege kaum noch Luft.

»Her mit dem Brief!«, knurrt er, aber ich knülle ihn zusammen und kralle meine Finger darum.

Pitbull-Terje nimmt meine Hand und schiebt sie zwischen seine Zähne. Und dann beißt er so fest zu, dass ich die Knochen knacken und das Fleisch reißen höre. Ohne weiteren Widerstand meinerseits nimmt er mir den Umschlag weg. Ich will nach dem Brief greifen, aber Pitbull-Terje schlägt einfach meine Hände zur Seite. Ich probiere es erneut. Er seufzt genervt, packt mit einer Pranke meine beiden Hände und drückt sie über meinem Kopf auf die Erde. Dann reißt er den Umschlag mit den Zähnen auf und zieht den Brief heraus. Er buchstabiert sich durch die Worte. Ich bin sicher, dass meine Rippen jeden Augenblick brechen werden.

Schließlich knüllt er den Brief zusammen.

»Was, zum Teufel, willst du damit sagen?«

Ich versuche höflich zu klingen. »Das ist eine Warnung.«

Er packt mich am Kragen und schüttelt mich so heftig, dass mir ganz schwindelig wird.
»Eine Warnung?«
»Wenn die Polizei von deinem Pitbull erfährt, werden sie ihn dir wegnehmen.«
»Die Polizei wird nichts erfahren!«
Ich rechne damit, dass er mich ungefähr an dieser Stelle erwürgt oder wenigstens schlägt. Stattdessen lässt er mich los und rappelt sich mühsam auf. Dann durchwühlt er seine Taschen auf der Suche nach irgendwas. Einem Schlüsselbund. Ich krieche langsam die Böschung hoch. Noch ist er so nah, dass er sich nur vorbeugen muss, wenn er mich aufhalten will. Aber er steckt den Schlüssel in das Vorhängeschloss und sieht mich mit seinen fiesen Augen an.
»Zieh Leine, sonst hetz ich den Pitbull auf dich!«
Den Pitbull hatte ich fast vergessen. Mit einem Mal erinnere ich mich wieder sehr gut. Ich bin mir sicher, ihn da drinnen knurren zu hören. Er hat bestimmt lange nichts mehr zu fressen gekriegt. Pitbull-Terje steht da und grunzt zufrieden.
Ich krieche, so schnell ich kann, die Böschung hoch, nehme die Beine in die Hand und spurte los.
Mit Pitbull-Terriern ist nicht zu spaßen.

KURT UND ROGER MÜSSEN HELFEN

Ich mache mich auf den Weg zu Kurt und Roger. Ich sehe keinen anderen Ausweg. Wenn Kurt und Roger Pitbull-Terje eine fette Abreibung verpassen, wird er ja wohl hoffentlich kapieren, dass er nicht so mit mir umspringen kann.

Ich kann Kurt und Roger selbstverständlich nicht erzählen, dass das mein Bunker ist. Wenn sie spitzkriegen, dass ich immer noch mit Playmobil spiele, ist es aus mit unserer Freundschaft. Ich werde sie nur überreden, sich Pitbull-Terje zu schnappen, und den Bunker einfach gar nicht erwähnen.

Kurt guckt ziemlich verdattert, als er mich vor der Tür stehen sieht. Es kommt nämlich nicht so oft vor, dass ich bei ihm klingele. Wir sind meistens nur in der Schule zusammen.

»Was willst du?«, fragt er kurz angebunden. Ich erkläre ihm, dass ich seine Hilfe brauche, um Pitbull-Terje fertig zu machen.

Kurt guckt über die Schulter nach hinten.

»Das passt im Augenblick ganz schlecht«, sagt er, jetzt eher

genervt. Im nächsten Augenblick erfahre ich den Grund. Hanne steckt den Kopf aus seinem Zimmer. Sie kaut Kaugummi und sieht mich gelangweilt an.
Einer der Nachteile, in der siebten Klasse zu sein, ist der, dass man mit Mädchen gehen muss. Ich bin bis jetzt noch glimpflich davongekommen. Kurt nicht. Seit kurzem verbringt er ziemlich viel Zeit mit Hanne.
Kurt macht Anstalten, die Tür zuzumachen.
»Ich weiß, wo er sich versteckt«, sage ich und bereue es im gleichen Augenblick.
Kurt sieht mich voller Ernst an. In seinen Mundwinkeln zuckt ein kleines Lächeln.
»Hanne! Ich muss mal dringend weg!«, ruft er.

Wie sich rausstellt, haben Kurt und Roger schon überall nach Pitbull-Terje gesucht. Sie sind überglücklich, dass ich weiß, wo er steckt.
»Wie hast du das rausgekriegt?«, fragt Kurt. Ich höre seiner Stimme an, dass er gehörig beeindruckt ist.
»Reiner Zufall, ich hab ihn auf der Straße gesehen und bin ihm gefolgt.«
Den Bunker habe ich noch nicht erwähnt. Ich habe nur gesagt, dass ich ihnen Pitbull-Terjes Versteck zeigen will. Mir ist ein wenig mulmig. Wer weiß, wie Kurt und Roger reagieren, wenn sie von dem Bunker erfahren.
Noch könnte ich sie ganz woandershin führen und so tun, als würde Pitbull-Terje sich dort verstecken. Aber dann be-

hält Pitbull-Terje den Bunker. Und das kommt gar nicht in Frage.
Kurt und Roger haben es schrecklich eilig, Pitbull-Terje fertig zu machen. Ein bisschen zu eilig für meinen Geschmack. Es geht alles so schnell, gleich haben wir den Bunker erreicht. In dem Augenblick kommt mir eine geniale Idee.
»Er hat den Pitbull als Wachhund dabei«, sage ich.
Kurt und Roger starren mich an und drosseln beträchtlich das Tempo.
»Oje!«, platzt Roger heraus.
»Ist doch bloß ein Hund!«, schnauft Kurt verächtlich.
»Ein Killerhund«, berichtige ich ihn. »Speziell aufs Töten abgerichtet. Denen ist die Beißhemmung und ihre Soziabilität abgezüchtet worden.«
»Echt?«, fragt Kurt. Seine Stimme ist ein bisschen unsicher.
»Was heißt das?«, will Roger wissen.
Kurt grinst. »Wie, das weißt du nicht?« Er sieht mich an und verdreht die Augen. Ich verbünde mich mit ihm, indem ich meine ebenfalls verdrehe.
»Äh … doch, klar weiß ich das«, nuschelt Roger.
Wenn ich hundertprozentig ehrlich sein soll, weiß ich auch nicht so genau, was Soziabilität eigentlich bedeutet. Aber im Internet stand, dass es sehr wichtig ist, dass Hunde das haben. Wenn nicht, kann man nie wissen, woran man bei ihnen ist. Ich stelle mir das so ähnlich wie eine Hundeleine vor. Hunde kommen prima ohne sie aus, aber wir Menschen finden das nicht immer so gut.

Ich bin jedenfalls ziemlich sicher, Kurt von der Gefährlichkeit des Pitbulls überzeugt zu haben. Darum bin ich umso überraschter, als sein ernstes Gesicht sich plötzlich zu einem breiten Grinsen verzieht.
»Ich habe eine Idee!«, sagt er und sieht mich an. »Wo versteckt sich denn nun der Dreckskerl?«

WIR GREIFEN AN

In dem Wäldchen neben dem Parkplatz halten wir kurz an. Mein Arm fühlt sich bleischwer an, als ich die Hand hebe und die Böschung runterzeige, die zum Bunker führt. Warum betrachte ich das Ganze nicht von der positiven Seite? So werde ich wenigstens Pitbull-Terje los. Und noch habe ich mit keiner Silbe erwähnt, dass das mein Bunker ist. Kurt schickt mich vor, um zu kontrollieren, ob Pitbull-Terje da ist. Ich schleiche an den Rand der Böschung und leuchte mit meiner Taschenlampe die Tür an.
Das Vorhängeschloss hängt.
Ich winke Kurt und Roger zu mir.

Kurt hat eine Tasche dabei, in der, wie er sagt, sehr nützliche Dinge sind. Er stellt die Tasche im Schnee ab und zieht den Reißverschluss auf, nimmt ein Brecheisen heraus und reicht es an Roger weiter.
Der Plan sieht folgendermaßen aus: Wir wollen in den Bunker einbrechen und dort auf Pitbull-Terje warten. Ein richtiger Angriff aus dem Hinterhalt sozusagen. Er tut mir fast ein bisschen Leid. Aber auch nur fast.
Als Nächstes zieht Kurt Roter Racker aus der Tasche. Roter

Racker heißt Roter Racker, weil er lauter rote Flecken hat. Und Roter Racker ist Rogers Kater. Roger sieht ihn besorgt an. Aber Roter Racker schnurrt zufrieden. Der Arme. Er hat bestimmt noch nie gegen einen Pitbull-Terrier gekämpft.
Kurt und Roger gehen zur Tür. Roger schiebt das Brecheisen unter das Vorhängeschloss. Mein Job ist es, Wache zu stehen und ihnen mit der Taschenlampe zu leuchten.
Roger drückt das Brecheisen nach oben und das Schloss springt auf. Er legt vorsichtig das Ohr an die Tür und lauscht. Dann schüttelt er den Kopf. Kurt baut sich mit Roter Racker auf dem Arm vor der Tür auf.
»Aufmachen!«, sagt er.
Rogers Hand liegt auf dem Türgriff bereit. Ich kann seinen stockenden Atem bis hierher hören. Er starrt voller Grauen auf Roter Racker.
»Mach schon!«, sagt Kurt.
»Und wenn er totgebissen wird?«, murmelt Roger.
»Das Risiko müssen wir in Kauf nehmen«, sagt Kurt.
Roger seufzt. Dann zieht er die Tür mit einem Ruck auf. Kurt schleudert Roter Racker in den dunklen Raum und Roger knallt die Tür wieder zu.
Es ist vollkommen still. Das einzige Geräusch ist das Glucksen des Meeres.
Kurt drückt das Ohr an die Tür.
»Entweder hat er den Kater sofort erledigt oder da drinnen ist kein Pitbull«, sagt er.
Wir warten sicherheitshalber noch einen Moment.

Kurt und Roger bauen sich wieder vor der Tür auf. Ganz sachte zieht Kurt sie einen Spaltbreit auf, der groß genug ist, damit Roter Racker herauskann, aber so schmal, dass er die Tür blitzschnell zuknallen kann, wenn der Pitbull kommt.

Nichts passiert. Es ist mucksmäuschenstill dort drinnen.

Nach einer Weile kommt Roter Racker herausspaziert. Unversehrt. Und gähnt. Er sieht nicht so aus, als ob er mit einem Pitbull gekämpft hätte.

IM BUNKER

Kurt ist schwer beeindruckt. Kein Wunder. Die Stehlampe und der Sessel machen den Bunker ziemlich gemütlich.

»Wow«, sagt er und sieht sich mit strahlenden Augen im Raum um.

Ich bin knapp davor, ihnen zu erzählen, dass das mein Geheimversteck ist.

Kurt hat das Playmobil entdeckt und grinst abfällig.

Wenn ich es mir genau überlege, halte ich wohl doch besser die Klappe.

Erstaunlicherweise liegt das Playmobil genau so da, wie ich es zurückgelassen habe. Ich halte Pitbull-Terje für unbeherrscht und habe erwartet, dass er das Playmobil mindestens schon dreimal kaputtgemacht und vielleicht sogar ein bisschen draufgepinkelt hat. Aber es ist alles heil.

Roger setzt Roter Racker auf den Boden und geht zu dem Playmobil. Er tritt auf ein Haus, das knirschend unter seiner Sohle zersplittert. In meinem Innern zersplittert auch etwas. Das legt sich hoffentlich mit zunehmendem Alter. Wenn ich entwöhnt bin, werde ich dieses Geräusch sicher lieben.

Kurt fläzt sich in den Sessel. Roter Racker springt auf seinen Schoß. Kurt streichelt dem Kater über den Rücken und lächelt, als hätte er 100 Kronen am Spielautomaten gewonnen.

Plötzlich ist draußen ein Scharren zu hören. Im nächsten Augenblick wird die Tür aufgerissen und Pitbull-Terje trampelt herein. Sein Bulldoggen-Gesicht wird kreideweiß. Aus gutem Grund.

Roger stürmt auf Pitbull-Terje zu, aber Pitbull-Terje macht auf dem Absatz kehrt und wuchtet sich mit einem Satz über die Türschwelle. Als Roger die Tür erreicht, knallt Pitbull-Terje sie zu. Die Eisentür verfehlt nur um Haaresbreite Rogers Zinken.

Währenddessen sitzt Kurt lässig im Sessel und krault Roter Racker.

So war das eigentlich nicht gedacht. Ich hatte mir vorgestellt, dass Kurt hinter Pitbull-Terje herrennt.

Aber Kurt sagt nur: »Warte, Roger!«

Roger hat die Tür aufgestoßen und ist bereits auf dem Weg nach draußen. Er bremst ruckartig ab.

»Aber wir wollten ihn uns doch vorknöpfen!«, ruft er und zeigt hinter Pitbull-Terje her.

Ich nicke eifrig.

»Das hat keine Eile«, sagt Kurt ruhig.

»Aber …«

Rogers Gesicht ist röter als der Pelz von Roter Racker.

»Ich habe nämlich eine Idee«, sagt Kurt lächelnd und lässt

den Blick durch den Bunker schweifen. »Hier können wir klasse Feten feiern!«, verkündet er strahlend.
Das Wort zischt wie eine Rakete. Ffffffeten.
»Ja, irre!«, jubelt Roger.
Meine Begeisterung hält sich in Grenzen.

MITTAGESSEN MIT MAMA

Ich traue mich nicht, Mama zu sagen, dass Kurt und Roger den Bunker übernommen haben. Das würde sie bloß nervös machen. Und es gibt keinen Grund, sie wegen einer solchen Bagatelle zu beunruhigen. Die meisten Menschen kommen sehr gut ohne Bunker aus. Und hätte ich nicht zufällig bis vor kurzem einen gehabt, würde ich nicht einmal ahnen, was mir entgeht.

Außerdem ist Mama heute ziemlich gut drauf. Sie hat ihren Trainingsanzug angezogen und gebratenes Lachskotelett mit Kartoffeln gemacht. Und sogar einen Teller für sich selbst hat sie aufgedeckt.

Ich esse ganze Berge und sage immer wieder, wie gut es mir schmeckt.

Dabei mag ich eigentlich gar keinen Fisch. Aber wenn Mama schon mal so fit ist, dass sie Kartoffeln kochen und Lachskotelett braten kann, dann ist unwichtig, was ich mag oder nicht.

»Ich habe heute Lebkuchen gebacken«, sagt Mama.

Lebkuchen ist mit das Beste, was ich mir vorstellen kann.

»Und ich habe eine Liste gemacht, was ich noch alles vor Weihnachten erledigen muss«, sagt sie und zeigt zum Kühlschrank. Die Liste an der Tür ist lang. Bisher ist ein Punkt durchgestrichen.

»Gut!«, sage ich.

»Ich möchte, dass es ein schönes Weihnachtsfest für dich wird, Jim«, sagt Mama.

»Weihnachten ist immer schön«, sage ich.

Da lächelt Mama. Und diesmal zerbröckelt das Lächeln nicht gleich wieder.

WEIHNACHTSBASTELN

Wir haben Weihnachtsbasteln. Da dürfen wir uns hinsetzen, wo wir wollen. Was in meinem Fall bedeutet: so weit weg von Pitbull-Terje wie möglich. Ich bin in einer Gruppe mit Kurt und Roger – und leider: Hanne und Kari. Obwohl ich bei der Rückeroberung des Bunkers mitgemacht habe, hat Pitbull-Terje mich noch nicht vertrimmt. Aber man kann nie wissen. Sobald ich auch nur eine Sekunde unaufmerksam bin, riskiere ich, dass er mich überfällt. Hinterrücks.

Wir basteln Wichtel und Schneemänner aus Styroporkugeln und Filz. Ich habe die ganze Zeit das ungute Gefühl, dass Pitbull-Terje etwas ausheckt. Jedes Mal, wenn ich zu ihm hingucke, starrt er schnell auf die Tischplatte.

Er sitzt ganz allein im hinteren Teil des Klassenzimmers. Bernt war bei ihm und hat ihm was ins Ohr geflüstert, aber da hat er nur heftig den Kopf geschüttelt und Bernt weggeschoben.

Beim nächsten Hingucken ertappe ich ihn auf frischer Tat. Er glotzt mich direkt an. Seine Augen sind schwarz und funkeln grimmig. Unheimlich. Ich muss weggucken.

Während ich meinem Schneemann mit Tusche Augen auftupfe, höre ich, wie sich hinter meinem Rücken jemand anschleicht. Ich krieg eine Gänsehaut und schiele zu Pitbull-Terjes Tisch rüber. Sein Platz ist leer.

Da pustet mir jemand in den Nacken. Ich erstarre.

Plötzlich kläfft er »Buh!« in mein Ohr, macht einen Satz nach vorn und knallt etwas auf meinen Tisch. Ich zucke so heftig zusammen, dass die Tusche einen dicken Strich im Schneemanngesicht hinterlässt.

Pitbull-Terje sieht mich mit einem hässlichen Grinsen an.

Vor mir auf dem Tisch steht eine braun angemalte Figur aus einer großen und einer kleinen Styroporkugel. Sie hat Zahnstocherbeine, schwarze Stecknadelaugen und Reißverschlusszähne.

»Das ist mein Pitbull«, sagt er und lässt ihn über die Tischplatte hüpfen, wobei er kläfft wie ein Hund.

Dann verschwindet er genauso plötzlich, wie er gekommen ist.

Kurt, Roger, Hanne und Kari können sich kaum halten. Aus irgendeinem Grund scheinen sie das saukomisch zu finden. Sie glucksen und kichern.

»Ich glaube, er hat es auf dich abgesehen«, flüstert Kurt mit einem schiefen Grinsen. »Pass bloß auf.«

Ich schiele vorsichtig zu Terje. Er starrt mit bedrohlichem Pitbull-Blick zurück und hält den Pitbull knurrend in meine Richtung.

Der Kerl gehört in die Klapse. Das ist doch ein Fall für den Psychiater.

BIER

Kurt und Roger wollen eine Fete feiern. Im Bunker. Sie schreiben einen gefälschten Zettel in Mamas Namen, auf dem steht, dass ich acht Dosen Bier und eine Schachtel Zigaretten für sie kaufen soll.
Ich bin ziemlich nervös, als ich das Einkaufszentrum betrete.
Im Eingangsbereich sind seit meinem letzten Besuch ein Weihnachtsbaum und ein Zelt aufgebaut worden. Davor steht ein unglaublich dicker Weihnachtsmann. Er ist rund wie ein Marzipanschwein und das Weihnachtsmannkostüm sitzt so eng, dass er nur mit Mühe den Arm heben kann, um mir zuzuwinken. Die Mühe hätte er sich übrigens sparen können, ich winke nämlich nicht zurück. Immerhin gehe ich heute auf meine erste Fete.
Ein Kindergartenkind stellt sich vor den Weihnachtsmann. Es streckt die Hand aus und sieht ihn streng an. Der Weihnachtsmann seufzt. Angestrengt bückt er sich, um den Leinensack voller Päckchen vom Boden aufzuheben.
Ich gehe auf direktem Weg in die Bierabteilung. Kurt hat gesagt, ich soll Mack-Bier nehmen. Er sagt, Mack-Bier ist das stärkste Bier, davon wird man am schnellsten besoffen.

Ich lege die Dosen in den Einkaufskorb, als wäre es das Natürlichste der Welt. Dann schlendere ich zur Kasse und lege die Dosen auf das Band. Meine Finger zittern leicht, als ich den Zettel auseinander falte, der sozusagen von Mama ist. Die Verkäuferin schnappt sich den Zettel. Ihre Stirn legt sich in Falten, während sie liest. Sie mustert mich. Jetzt nur nicht lächeln. Bier und Zigaretten zu kaufen ist eine ernste Angelegenheit.

Die Frau sieht mich lange an.

Ich versuche, die Fassung zu bewahren.

Am Ende deutet ihr Mund ein Lächeln an. Sie nimmt eine Zigarettenschachtel aus dem Regal und schiebt sie an dem Scanner vorbei.

DIE FETE

Ich höre das Wummern der Musik schon aus großer Entfernung. Heavy Metal, glaube ich. Als Jugendlicher mag man wohl irgendwann solche Musik. Das hat was mit der Pubertät zu tun. Da passieren viele seltsame Dinge mit einem. Unter anderem mit den Ohren.
Ich hab noch nicht richtig mit der Pubertät angefangen. Kurt und Roger schon. Kurt hat eine heisere Stimme bekommen und Roger wachsen Haare unter den Armen.
An der Tür klebt ein Plakat:

Die Zeichnung von dem Pitbull ist weg.
Der Bunker sieht völlig verändert aus. Kurt und Roger haben Bilder von Rockstars und Frauen aufgehängt. Kurt sitzt

mit Hanne auf dem Schoß in dem Sessel. Sie teilen sich eine Zigarette. Kari steht vor dem Ghettoblaster und guckt sich die CDs an. Sie ist offenbar der Discjockey. Roger steht vor der Schießscharte und schmeißt grinsend meine Playmobilfiguren nach draußen. Es versetzt mir einen Stich. Ich muss weggucken.

Sie haben mich noch nicht bemerkt, wegen der lauten Musik. Kurt entdeckt mich als Erster und ist hocherfreut.

»Jetzt kann die Fete beginnen!«, sagt er und teilt Bier an Hanne, Kari und Roger aus. Ich will keins. Ich trinke nämlich nicht. Aber wenn die Pubertät richtig losgeht, werde ich wohl notgedrungen auch damit anfangen.

Ich bin noch nie auf einer Fete gewesen und habe keine Ahnung, wie solche Feten normalerweise ablaufen. Diese Fete wirkt jedenfalls ziemlich gut. Sie stoßen ständig an und schreien laut. Das müssen sie auch, weil die Stereoanlage voll laut dröhnt. Hanne und Kari tanzen, als wären sie in der Disco, während Kurt im Sessel hockt und cool im Takt mit dem Kopf nickt. Roger steht vor der Schießscharte und schmeißt ein Playmobil nach dem anderen nach draußen. Ich versuche darüber zu lachen, was mir alles andere als leicht fällt.

Ich weiß ja nicht, was auf anderen Feten üblich ist, aber ich bin schon etwas überrascht, als Kurt vorschlägt, ein Spiel zu spielen. Es stellt sich dann allerdings schnell heraus, dass er Flaschendrehen meint. Das ist mit Küssen und so. Darum ist es erlaubt.

Hanne schüttelt den Kopf und rümpft die Nase, bis sie wie eine Rosine aussieht, und sagt etwas, das ich nicht verstehe. Dabei wirft sie mir einen vielsagenden Blick zu. Kurt sieht mich an. Wollen sie, dass ich anfange, oder was?

Kurt stemmt sich aus dem Sessel hoch und kommt zu mir.

»Du, Jim«, sagt er. Ganz leise, als ob er mir ein Geheimnis anvertrauen will. Etwas, das nur uns beide angeht, was man nur seinem besten Freund erzählt.

»Wir wollen ein Kussspiel spielen«, sagt er und grinst schief. »Ist das in Ordnung?«

Kurt ist echt klasse. Er hat verstanden, dass ich Küssen und solchen Dingen gegenüber sehr skeptisch bin. Aber ich werde es schon hinkriegen.

»Ja«, sage ich und lege ein richtig breites Lächeln auf.

Kurt nickt zufrieden.

»Gut. Du kannst dann ja ein andermal mitmachen. Wenn wir drei Mädchen dabeihaben.«

Das Lächeln gefriert mir im Gesicht.

»Es ist irgendwie blöde, wenn ein Mädchen zu wenig da ist«, sagt er.

Die Eisentür fällt mit einem dumpfen Knall hinter mir ins Schloss. Es ist dunkel und kalt. Ich bin richtig wütend.

Das ist ungerecht. Extrem ungerecht. Schlimmer könnte es gar nicht sein. Aus seinem eigenen Bunker rausgeworfen zu werden! Von seinem besten Freund! So was sollte verboten werden!

Ich trotte zum Strand. Es ist glatt, deswegen gehe ich langsam. Glücklicherweise ist fast Vollmond und damit so hell, dass ich den Trampelpfad einigermaßen sehen kann.
Unter der Schießscharte liegen die Playmobilfiguren als große und kleine Punkte im Schnee verstreut. Ich ziehe meine Jacke aus und schaufele die Figuren hinein. Mir ist kalt.
Heute Abend werde ich Playmobil spielen. Bis zum Umfallen.

DA STIMMT DOCH WAS NICHT

Die Jacke mit dem Playmobil füllt beide Arme, mir bleibt also nichts anderes übrig, als mit der Fußspitze zu klopfen. Dreimal. Das heimliche Signal.
Nichts passiert.
Ich klopfe noch einmal, etwas lauter.
Aber Mama kommt nicht.
Ein ungutes Gefühl kriecht mir den Rücken hoch.
Vielleicht hat sie eine riesengroße Angstattacke gekriegt. Mit Schüttelfrost und Schweißausbrüchen. Vielleicht liegt sie unter der Decke und traut sich nicht, sich zu rühren. Vielleicht glaubt sie, dass ein Mörder an die Tür klopft. Sie kann schließlich nicht sicher sein, dass ich es bin.
Ich luge durch den Schlitz zwischen Tür und Türrahmen. Da ist nur der normale Bolzen zu sehen. Der Riegel ist nicht da. Ich kriege eine Gänsehaut. Mama schließt sonst immer ab.
Vielleicht ist jemand eingebrochen. Vielleicht sind die Einbrecher noch in der Wohnung und gerade dabei, alle unsere Sachen einzupacken. Oder sie kaputtzumachen. Und Mama muss ihnen dabei zusehen.

Ich krieg Angst, aber ich weiß, dass Mama noch mehr Angst hat. Ich muss da rein.
Vorsichtig drücke ich die Klinke mit dem Ellbogen nach unten.
Der Stoff rutscht von der Klinke ab, sodass mein Ellbogen den Halt verliert. Ich probiere es noch einmal, diesmal klemme ich den Ellbogen zwischen Klinke und Tür und schiebe die Tür so weit nach innen auf, bis ein kleiner Spalt entsteht.
Ich lausche.
Ich höre eine Stimme.
Mamas Stimme.
Die Stimme klingt ganz normal. Wenn nicht sogar *fröhlich*!
Ich fühle mich auf einen Schlag fünf Kilo leichter. Mindestens. Mama hat bestimmt eine Freundin zu Besuch. Kein Grund zur Sorge.
Schwungvoll schiebe ich die Tür mit dem Fuß auf und trete ein.
Mein Blick wandert zum Sofa.
Ich erstarre.
Das Bündel mit den Playmobilsachen fällt scheppernd zu Boden.
Mama sitzt mit Pitbull-Terje auf dem Sofa und zeigt ihm ein Fotoalbum.

GEFAHR IM VERZUG

Pitbull-Terje lächelt. Die runden Bulldoggenwangen sind weiche Rundungen. Er sieht fast zahm aus. Aber hinter dem Lächeln verbirgt sich ein Psychopath.

Mama plaudert munter drauflos.

Sie ahnt glücklicherweise nicht, in welcher Gefahr sie schwebt. Normalerweise würde sie Todesangst kriegen, wenn so ein massiger und zwielichtiger Kerl an ihrer Tür klingelt. Wahrscheinlich hat sie gerade eine von ihren Beruhigungstabletten genommen, bevor er gekommen ist. Ich mag mir gar nicht ausmalen, was passiert wäre, wenn sie die Tablette nicht genommen hätte.

»Da bist du ja«, sagt Mama. »Ich zeig deinem Freund gerade ein paar Bilder.«

Meinem *Freund*? Das hat er gesagt. Ganz schön dreist.

Ich raffe eilig das Playmobil zusammen, während ich mir überlege, wie ich ihn am besten loswerden kann. Ohne dass er ausrastet. Und bevor Mamas Tablette aufhört zu wirken. Ich lasse mir am besten nichts anmerken und Mama in dem Glauben, dass er ein netter Kerl ist. Wenn Pitbull-Terje unbedingt will, soll er sich meinetwegen doch einbilden, dass er mein Freund ist.

Bis auf weiteres. Ich kann ihn hinterher immer noch anrufen, um ihm zu sagen, dass Mama möchte, dass ich mir einen anderen Freund suche.
Ich raffe also das Playmobil zusammen und lege es unter meinen Schreibtisch.
Mama steht auf.
»Ich ziehe mich zurück, damit ihr unter euch sein könnt«, sagt sie.
Sie stellt das Album zurück an seinen Platz im Regal und spaziert aus dem Zimmer.
Pitbull-Terje lächelt immer noch. Typisch Psychopath. Gerade noch sind sie netter als der Weihnachtsmann, und im nächsten Augenblick bringen sie dich um.
Ich setze mich auf den Sessel auf der anderen Seite des Tisches. Es ist sicherer, Abstand zu halten. Ich hab gehört, dass man Hunden nicht direkt in die Augen gucken soll. Das ist extrem gefährlich. Sonst kann so ein Hund einem direkt an die Gurgel springen. Darum achte ich darauf, nur die wabbeligen roten Wangen anzusehen, zwischen denen Pitbull-Terjes Psycho-Lächeln prangt.
Plötzlich erhebt er sich. Es durchrieselt mich kalt. Jetzt schlägt er mich zu Brei. Um ein Exempel zu statuieren. Ich senke den Blick. Er nähert sich mit schweren Schritten, ich höre ihn keuchen. Er umrundet den Tisch, kommt auf mich zu.
Seine Hand fällt schwer auf meine Schulter.
»Morgen erobern wir den Bunker zurück«, sagt er.

Ich schiele vorsichtig zu ihm hoch. Das Lächeln prangt noch immer zwischen seinen dicken Backen.
»Aber jetzt spielen wir erst mal ein bisschen Playmo!«, sagt er.

Erstaunlicherweise ist es gar nicht so langweilig, mit Pitbull-Terje zu spielen, wie man glauben könnte. Wir liefern uns massenweise Schießereien. Und verüben jede Menge Banküberfälle. Ein paar Entführungen. Und sehr viele Morde.
Ich versuche, meine Begeisterung im Zaum zu halten, aber das ist gar nicht so einfach. Zwischendurch vergesse ich glatt, dass Pitbull-Terje ein Irrer ist. Plötzlich fällt mir auf, dass wir so laut sind, dass ich nicht einmal hören würde, wenn Mama seufzt. Die Wirkung der Tablette könnte inzwischen nachgelassen haben. Vielleicht ist ihr klar geworden, wie gefährlich Pitbull-Terje ist, und jetzt liegt sie mit Megaangst im Bett.
Ich gucke auf meine Uhr.
»Hilfe, so spät schon? Ich muss ins Bett.«
Ich fange an, die Playmobilsachen zusammenzusammeln und in eine Kiste zu werfen, wobei ich laut gähne und Pitbull-Terje einen vorsichtigen Blick zuwerfe. Unglücklicherweise gucke ich ihm dabei direkt in die Augen.
Pitbull-Terje packt mich am Pulloverkragen und wirft mich zu Boden. Dann hockt er sich auf meinen Bauch und presst alle Luft aus mir heraus.

»Von nun an sind wir beste Freunde!«, knurrt er und drückt den Pulloverkragen so fest zusammen, dass ich kaum noch Luft kriege. »Sonst knallt's!«

Er greift noch fester zu. Ich hab ein ganz schreckliches Gefühl im Hals und es rumpelt in meinem Brustkorb, als wenn sich da ein ordentlicher Husten zusammenbraut, der nicht rauskann.

»Kapiert?«, keucht Pitbull-Terje.

Ich nicke.

Hauptsache, er lässt mich am Leben.

PITBULL-TERJE VERFOLGT MICH

Pitbull-Terjes Gesicht verzieht sich zu einem übertriebenen Lächeln, als er die Klasse betritt und mich sieht. Er scheint wirklich zu glauben, dass ich ihn mag. Da liegt er aber gründlich daneben.

»Hi, Jim!«, ruft er so laut, dass alle es hören, und schlendert lässig auf mich zu.

Ich senke den Blick. Pitbull-Terje ist einer, mit dem sich anzufreunden man um jeden Preis vermeiden sollte. Dann schon lieber einen Erstklässler zum besten Freund haben.

Pitbull-Terje pflanzt seinen riesigen Schwabbelhintern auf seinen Neuntklässlerstuhl.

»Das war nett gestern«, sagt er und zwinkert mir zu. Er strengt sich wirklich an, obercool zu sein. Aber das kann er sich sparen. Wenn man so fett ist wie er, überanstrengt man sich leicht.

Kurt blickt mich verständnislos an. Er fragt sich ganz offensichtlich, was in aller Welt da abgeht. Ich zucke mit den Schultern und schüttele den Kopf, als hätte ich keinen blassen Schimmer. Und kaum hat Bernt die Klasse betreten, reiße ich den Arm in die Luft.

»Ich sehe so schlecht, kann ich mich weiter nach vorne setzen?«, frage ich.
Bernt sieht mich skeptisch an. Aber als ich sage, dass das eine klare Anweisung vom Augenarzt ist, erlaubt er es mir.
Ich habe kaum meinen Tisch nach vorn geschoben und mich auf meinen neuen Platz gesetzt, als ich Pitbull-Terje sagen höre: »Kann ich auch nach vorn? Neben Jim? Ich sehe nämlich auch so schlecht.«
Eigentlich müsste Bernt die Lüge doch durchschauen. Immerhin ist er der Lehrer. Aber er seufzt nur und murmelt: »Ja, schon gut.«
Pitbull-Terje knallt seinen Tisch neben meinen. Und als wäre das noch nicht genug, tritt er mir vors Schienbein und zwinkert mir zu.

In der großen Pause klebt er an mir wie eine Klette. Mir bleibt nichts anderes übrig, als mich vom Fahrradschuppen fern zu halten, damit Kurt und Roger keinen Verdacht schöpfen. Ich drehe eine Runde um den Hügel, mache einen Abstecher zum Grundschulgebäude, und Pitbull-Terje schlappt die ganze Zeit hinter mir her. Schließlich gehe ich aufs Klo. Selbst dahin folgt er mir! Sein Gesicht ist ein einziges Grinsen.
»Bist du schwer von Kapee?«, frage ich.
»Hä?«
»Das muss geheim bleiben!«
»Was?«

»Dass wir Freunde sind!«

»*Beste* Freunde«, korrigiert Pitbull-Terje mich.

»Das darf keiner wissen«, sage ich.

Die dicken Wülste auf seiner Stirn runzeln sich.

»Warum nicht?«

»Darum!«

Ich versuche mir auf die Schnelle einen überzeugenden Grund einfallen zu lassen, während Pitbull-Terje mich ungeduldig mit seiner Bulldoggen-Visage taxiert. Er kann jeden Moment loskläffen.

»Darum?«, fragt er.

»Weil … es dann einfacher ist, den Bunker zurückzuerobern.«

»Warum?«

»Weil Roger und Kurt mich dann nicht verdächtigen. Sie glauben, dass ich mit *ihnen* befreundet bin, dabei bin ich mit *dir* befreundet!«

Pitbull-Terje setzt eine missbilligende Miene auf. Ich glaube, er wird misstrauisch.

»Und dann kann ich von innen zuschlagen«, erkläre ich. »Infiltration nennt man das.«

Er starrt mich wütend an.

»Ab jetzt tun wir so, als wären wir keine Freunde«, bestimme ich. »Okay?«

Sein Gesicht hellt sich auf, er nickt zögernd.

»Okay«, sagt er.

So ein Idiot. Er weiß nicht, dass wir eigentlich Feinde sind.

MAMA HAT (MAL WIEDER) ANGST

Mama stößt einen schweren Seufzer aus.

»Oh, mein Gott!«, murmelt sie.

Wenn Mama so seufzt, fällt es mir ziemlich schwer, mich auf die Mathehausaufgaben zu konzentrieren. Statt übers Malnehmen und Teilen nachzudenken, sitze ich da und lausche, ob ihre Seufzer in plötzliches Stöhnen übergehen. Stöhnen ist ganz schlimm. Stöhnen ist wie eine kalte Hand im Nacken.

Ich hole die Medizin und ein Glas Wasser und gehe in Mamas Zimmer.

»Na, wie fühlen wir uns heute?«, frage ich mit Arztstimme und setze mich auf die Bettkante.

»Ach, danke«, seufzt Mama. »Gar nicht so schlecht.«

»Dann kann ich den Termin für die Lobotomie also wieder absagen?«

Mama schließt die Augen. Ihre Augenlider sind trocken und faltig. Sie ist sehr erschöpft. Trotzdem gelingt es ihr, sich ein winzig kleines Lächeln abzuringen. Oder jedenfalls etwas, das versucht ein Lächeln zu sein.

»Vielleicht lieber nur verschieben«, flüstert sie.

»Wollen wir eine Tablette nehmen?«, schlage ich vor.
Mama nickt.
Ich gebe ihr eine von ihren Tabletten und nehme mir selbst eine aus dem Glas mit den Vitaminpillen. Mama legt ihre Tablette auf die Zunge und spült sie mit einem Schluck Wasser runter.
»Ich fürchte mich heute Abend ganz besonders vor der Dunkelheit«, sage ich und schütte noch eine zweite Vitaminpille aus dem Glas. »Ich nehme lieber zwei.«
»Tu das«, sagt Mama.

AUF KEINEN FALL BEI MIR

Es klingelt an der Tür. Ich höre, wie Mama in ihrem Zimmer zusammenzuckt.
»Wer ist das?«, flüstert sie mit ihrer Angststimme.
»Es hat doch nur geklingelt«, sage ich.
»Mach nicht auf! Man weiß nie, wer das sein kann!«
Ich gehe zum Fenster und spähe vorsichtig durch die Gardine. Draußen auf der Treppe steht Pitbull-Terje und tritt ungeduldig auf der Stelle.
»Es ist Terje«, sage ich.
»Terje?«, sagt Mama. Von ihrer Angststimme ist kaum noch was zu hören. »Das ist gut. Ihm vertrau ich.«

Pitbull-Terje sieht mich streng an.
»Ich darf niemanden mit nach Hause bringen«, sagt er. »Wegen dem Pitbull. Der könnte ausrasten.«
Seine Gesichtszüge werden weicher, er kräuselt die Lippen. »Das wollte ich dir bloß sagen. Mach's gut.«
Er dreht sich um und will gehen.
»Übrigens«, sage ich laut. Pitbull-Terje dreht den Kopf. »Ich darf auch niemanden mit nach Hause bringen.«

Pitbull-Terjes Augen verengen sich.
»Wieso nicht?«
Er klingt leicht ungehalten.
»Darum.«
»Aber ich war doch schon bei dir zu Hause!«
»Das war die Ausnahme, die die Regel bestätigt.«
»Oh.«
»Mach's gut.«
»Bis morgen.«
»Aber nicht bei mir.«
»Und auf keinen Fall bei mir!«

PLAYMOBIL ADE!

Es ist schwieriger, mit Playmobil abzuschließen, als man glaubt. Es juckt mich in den Fingern, eine Playmobilfigur in die Hand zu nehmen, und meine Nase lechzt nach diesem typischen Playmobilgeruch. Nichts übertrifft den Duft von fabrikneuem Playmobilkunststoff.

Um meine Spiellust zu stillen, begebe ich mich in den Spielwarenladen im Einkaufszentrum. Die haben eine ziemlich gute Playmobilabteilung.

Ich guck mir ein megateures Piratenschiff an. Das ist das Neuste vom Neuen, mit unendlich vielen, tollen Details. Ich überlege ernsthaft, ob ich es mir zu Weihnachten wünschen soll.

Plötzlich räuspert sich jemand hinter mir. Ich drehe mich um. Es ist Pitbull-Terje. Mit genau dem Piratenschiff unterm Arm.

»Die blöde Kuh will mir keinen Rabatt geben«, nörgelt er mit einem Nicken in Richtung Kasse, wo eine grauhaarige Dame mit runzligem Gesicht steht.

Ich gucke mich um. Mit Pitbull-Terje zusammen in einem Spielwarenladen entdeckt zu werden ist ungefähr so peinlich, wie nackt vor allen Mädchen aus der Klasse zu stehen.

Pitbull-Terje quatscht einfach drauflos. Er scheint tatsächlich zu glauben, ich wäre interessiert daran, dass das Schiff einen riesigen Mast mit Segeln hat und dass die Figuren mit so albernen Details wie Rauschebart und Augenklappe ausgerüstet sind.

»Früher hab ich mich nicht sonderlich für Playmo interessiert«, sagt Pitbull-Terje. »Aber seit ich dich kenne, finde ich es richtig klasse.«

Eigentlich müsste ich ihm dankbar sein. Er hat mich soeben davon überzeugt, wie unglaublich kindisch Playmobil ist. Nie mehr in meinem Leben werde ich einen Weihnachtswunsch auf etwas so unfassbar Albernes verschwenden.

Ich schaue nach links und nach rechts. Es sind nur ein paar kleine Kinder mit ihren Müttern im Laden. Und draußen im Einkaufszentrum kann ich nur ein paar alte Schachteln in Pelzmänteln sehen und diesen idiotischen Weihnachtsmann, der steif dasteht wie eine Knetfigur mit dem Gesicht voller Rauschebart. Bis jetzt habe ich noch niemanden gesehen, den ich kenne. Wenn ich mich schnell aus dem Staub mache, könnte es gut gehen.

»Wann erobern wir den Bunker zurück?«, fragt Pitbull-Terje unvermittelt.

Ich tue so, als wüsste ich nicht, wovon er redet.

»Hä?«

»Na, der Bunker. Es wird langsam Zeit!«

»Zuerst brauchen wir einen Plan«, sage ich.

»Dann denk dir einen aus!«, stöhnt er genervt.

Im Augenblick beschäftigt mich eigentlich nur ein Plan, nämlich, wie ich hier wegkomme. Pitbull-Terje tritt ungeduldig auf der Stelle, seine Augen sehen aus wie schwarze Gewitterwolken. Ich muss jetzt unbedingt irgendwas sagen.

»Wir nehmen deinen Hund mit«, sage ich.

»Wie meinst du das?«

»Wir verjagen sie mit dem Pitbull«, erkläre ich.

»Aber der Pitbull ist lebensgefährlich!«, sagt er.

»Genau deswegen!«, sage ich. »Du hast ihn ja wohl im Griff, oder?«

»Doch, klar!«

»Gut«, sage ich. »Sagen wir morgen?«

Ehe Pitbull-Terje etwas erwidern kann, bin ich mit Höchstgeschwindigkeit auf dem Weg nach draußen.

EIN ERNSTES GESPRÄCH UNTER FREUNDEN

Der hirnrissige Plan mit dem Pitbull ist natürlich nichts anderes als ein Täuschungsmanöver. Man muss schon mindestens so verrückt wie Pitbull-Terje sein, um einen Killerhund auf seine besten Freunde zu hetzen.

Ich kaufe einen halben Liter Cola von meinem restlichen Taschengeld und mache mich auf den Weg zu Kurt. Er ist nicht zu Hause. Wen wundert's. Wer bleibt schon zu Hause, wenn er einen eigenen Bunker hat, in dem er sich austoben kann. Kurt ist allein. Er setzt die Colaflasche direkt an.

»Ihr habt es euch hier aber schön gemacht«, sage ich und sehe mich um. An den Wänden sind noch ein paar Frauenbilder dazugekommen. Einige von ihnen sind splitternackt. Ich habe nichts gegen Frauen, solange sie Kleider anhaben.

»Soll schließlich ein bisschen gemütlich aussehen, für den Fall, dass Damenbesuch kommt«, sagt Kurt grinsend und wischt sich mit dem Handrücken über den Mund.

»Zu meiner Zeit gab es hier keine Damen«, sage ich.

Kurt sieht mich fragend an.

»Na ja, weißt du, früher war das mal mein Bunker. Bevor Pitbull-Terje ihn mir weggenommen hat.«

Kurts Gesicht nimmt einen überraschten Ausdruck an. Sicherheitshalber füge ich noch hinzu: »Er hat auch das ganze Playmobil hier angeschleppt.«
»Ah ja«, sagt Kurt und trinkt noch einen Schluck Cola.
»Eigentlich gehört der Bunker also mir«, sage ich.
Kurt setzt die Flasche ab und grinst so breit, dass seine Augen nur noch schmale Schlitze sind.
»Schon schade, dass wir nicht genug Mädchen haben, damit du auch zu den Feten kommen kannst«, sagt Kurt. »Ich denke, das würde dir gefallen. Wir haben echt Spaß!«
»Ach, das mit den Feten ist nicht so wichtig«, sage ich.
Gleich hat Kurt die Cola ausgetrunken.
»Aber wenn ich vielleicht ab und zu hierher kommen könnte, wenn grade mal keine Fete ist, das wäre echt … toll.«
Kurt hält die Colaflasche hoch und sieht sie an. Noch ein Drittel übrig. Er mustert mich lächelnd, holt tief Luft und setzt die Flasche an. Schluck für Schluck verschwindet die restliche Cola in seinem Bauch, bis die Flasche komplett leer ist. Er grinst breit und gibt einen dröhnenden Rülpser von sich, während er die Flasche hochhält.
»Oh«, sagt Kurt mit einem überraschten Blick auf die Flasche. »Jetzt ist sie leer. Ich hab ganz vergessen zu fragen, ob du auch was wolltest.«
»Ist nicht so wichtig«, sage ich. »Hauptsache, ich kann den Bunker ab und zu mal benutzen.«
Kurt stößt eine Serie kleiner Rülpser aus.
»Schon möglich«, sagt er. »Schon möglich …«

DER WEIHNACHTSBAUM

Am ersten Tag der Weihnachtsferien hole ich für Mama ein Paket bei der Post ab.
Ich stelle das Paket auf den Küchentisch.
»Das ist der Weihnachtsbaum«, sagt Mama lächelnd.
Ich sehe mir das Paket an. Es ist vielleicht einen halben Meter lang und sehr leicht. Wenn da ein Weihnachtsbaum drin ist, muss der Weihnachtsbaum extrem klein sein.
Und noch viel schlimmer: Er muss aus Plastik sein.
In mir zerbricht etwas.
Ich weiß, dass ich mich freuen sollte. Wie viele Millionen Kinder müssen ohne einen Weihnachtsbaum auskommen. Aber es ist schlicht und einfach schrecklich schwer, sich über etwas zu freuen, das man abscheulich findet.
Mama macht das Paket auf und zieht den Plastikweihnachtsbaum heraus. Er ist fertig geschmückt mit Lametta und roten Kugeln.
Ich bin völlig fertig. Weihnachten ist gelaufen. Da können wir den ganzen Mist genauso gut gleich abblasen.
»Ist der nicht hübsch?«, fragt Mama.
»Mh-mh«, murmele ich. Mama sieht mich an. Ich senke den Blick.

»Ist was nicht in Ordnung?«
Ja, alles, denke ich.
»Nein, nichts«, sage ich.
»Bist du enttäuscht?«, fragt Mama.
Ja, denke ich.
»Nein«, sage ich.
Es wird still. Ich höre, wie Mama einen Stuhl vom Tisch wegzieht und sich setzt. Sie seufzt.
»Du magst ihn nicht.«
Ihre Stimme ist brüchig.
»Ich dachte, wir würden einen richtigen Weihnachtsbaum haben«, sage ich.
»Du weißt doch, dass ich es nicht schaffe, rauszugehen und einen zu kaufen«, sagt Mama leise.
»Du hättest es anders organisieren können.«
»Ich mache die Dinge, so gut ich kann, Jim.«
Sie hört sich schrecklich niedergeschlagen an. Aber das ist nichts im Vergleich zu meinem Zustand.
Ich stehe hastig auf und würde am liebsten laut losschreien, kann meine Stimme aber in letzter Sekunde gerade noch dämpfen, damit sie nicht zu laut für Mama ist.
»Vielleicht sollten wir Weihnachten doch besser abblasen«, sage ich hart, klettere in mein Hochbett und drücke mein Gesicht ins Kissen.
Ich weiß sowieso nicht, was der Witz an Weihnachten sein soll. Bloß weil vor 2000 Jahren so ein Typ namens Jesus geboren wurde, schmücken wir unsere Wohnungen mit Weih-

nachtswichteln und roten Deckchen und stopfen Berge von Weihnachtsessen und Süßigkeiten in uns hinein, bis wir Bauchschmerzen haben. Also echt, wo liegt da der Sinn? Und dann all die Weihnachtsgeschenke, die die Werbung uns aufschwatzt. Jesus hat Geburtstag, nicht wir! Außerdem ist Weihnachten gewaltig teuer. Und man braucht ewig lange, um die passenden Geschenke zu finden und sie einzupacken. Im Grunde genommen ist das alles verplemperte Zeit. Heiligabend reißt man die mühsam verpackten Geschenke auf und das Vergnügen ist 1-2-3 vorbei. Wenn die Leute wirklich so gern Geschenke machen, dann doch lieber gleichmäßiger übers Jahr verteilt. Ein Geschenk pro Woche statt alles an einem Abend. Dann hätte man wenigstens einmal in der Woche einen Grund, sich zu freuen, statt nur ein paar Minuten am Heiligabend.

Weihnachten ist völlig überflüssig.

»Du, Jim?«

Mama steht unten vor meinem Bett.

»Ich habe eine Entscheidung getroffen.«

Ihre Stimme klingt ganz ruhig.

»Morgen gehe ich raus«, sagt sie. »Und dann kaufe ich einen Weihnachtsbaum. Und Weihnachtsgeschenke.«

Ich hebe den Kopf aus dem Kopfkissen und sehe Mama an. Sie sieht aus, als ob sie es ernst meint.

»Und was ist mit deiner Angst?«, frage ich.

»Es hilft doch alles nichts«, sagt sie. »Wir *brauchen* einen ordentlichen Weihnachtsbaum!«

MAMA IN DER GROSSEN WEITEN WELT

Mama steht vor dem Spiegel und übt ihr breitestes Lächeln. Ihre Augen funkeln sogar ein wenig.

»Ist Frau Armstrong bereit?«, sage ich mit Raumfahrerstimme und halte Mama den dicken Mondpelz auf. Sie nickt, woraufhin ich ihr in den Raumanzug helfe.

»Jetzt sind es nur noch wenige Augenblicke, bis Frau Armstrong als erste Mutter der Welt ihren Fuß auf den Mond setzen wird!«

Mama lächelt. Es ist Jahre her, dass sie so gut drauf war.

Ich suche die Handschuhe und ziehe sie ihr über die Hände.

»Die Mondhandschuhe sind angezogen. Jetzt fehlt nur noch der überlebenswichtige Mondhelm.«

Ich ziehe ihr die Mütze über die Ohren.

»Auf dem Mond ist es kalt, da gilt es vorzubeugen.«

Ich gehe zur Tür und löse die Sicherheitskette. Ein kurzes Zucken huscht über Mamas schmales Gesicht. Sie schluckt.

»Noch fünf Sekunden bis zur Landung …«

Ich lege die Finger auf den Schließer. Mama folgt jeder meiner Bewegungen. Ich beginne mit dem Countdown.

»Fünf, vier …«

Mama macht einen Schritt auf die Tür zu.
»Drei, zwei …«
Ich lege die Hand auf die Türklinke. Mama legt die letzten Schritte bis zur Tür zurück.
»Eins … null!«
Ich ziehe die Tür auf und ein kalter Windhauch schlägt uns entgegen.
Mama wagt einen vorsichtigen Blick durch die Türöffnung. Erst nach links, dann nach rechts. Sie hebt vorsichtig den rechten Fuß über die Türschwelle und tritt sanft auf. Einen Augenblick später ist auch der zweite Fuß draußen.
»Ein kleiner Schritt für die Menschheit«, sage ich, »ein großer Schritt für Mama.«
Mama lächelt.
»Kommst du?«, sagt sie.
Mama und ich waren ganz schlau. Wir haben zum Rausgehen die Zeit gewählt, wo es am hellsten ist und am wenigsten Leute unterwegs sind. Und die wenigen Leute, denen wir begegnen, sind durchweg Mütter mit Kindern im Schlepptau. Nicht einmal Mama hat Angst vor Müttern und Kindern.
Der Weihnachtsbaumverkäufer steht an seinem gewohnten Platz vor dem Einkaufszentrum. Ich mache Mama auf ihn aufmerksam, aber sie steuert schnurstracks auf den Eingang zu.
»Zuerst die Weihnachtsgeschenke, dann den Weihnachtsbaum«, sagt sie.

Direkt hinter der Eingangstür steht der Weihnachtsmann mit rot verschwitztem Gesicht hinter dem Rauschebart. Mama macht einen großen Bogen um ihn herum.
»Fröhliche Weihnachten!«, wünscht der Weihnachtsmann lächelnd.
»Von wegen!«, schnauft Mama.
Veräppeln lässt sie sich nicht.

Wir sind den Plan mehrmals durchgegangen. Zuerst gehe ich mit Mama in den Spielwarenladen und zeige ihr verschiedene Sachen, die ich mir wünsche. Danach drehe ich eine kleine Runde durchs Einkaufszentrum, während Mama das Geschenk kauft. Ich werde in diesem Jahr wohl noch mal auf Playmobil zurückgreifen müssen, mir fällt einfach kein anderer Wunsch ein. Ich habe mir das so gedacht: Wenn ich dieses Mal besonders viel Playmobil bekomme, habe ich danach vielleicht so die Nase voll davon, dass ich für alle Zeiten kuriert bin. Das wäre das Allerbeste.
Wir gehen zielstrebig auf den Spielwarenladen zu. Mama ist ein bisschen hektisch in ihren Bewegungen, aber ansonsten ist ihr nicht anzusehen, dass sie Angst hat. Ganz abgesehen davon sind die meisten Mütter so kurz vor Weihnachten ziemlich hektisch.
Kurz vorm Spielwarenladen bleibt Mama plötzlich vor einem Modegeschäft stehen. Sie hat auf einem der Kleiderständer einen Rock entdeckt.

»Warte einen Moment«, murmelt sie und sieht sich den roten Rock an.
Ich werde nervös. Das ist im Plan nicht vorgesehen. Wir sind nicht hierher gekommen, um uns Röcke anzusehen.
Mama ist völlig hin und weg von dem Rock. Sie streicht mit den Fingerspitzen über den Stoff und sieht ihn verträumt an. Ich finde das, ehrlich gesagt, ein bisschen übertrieben. Es ist schließlich nur ein Rock.
Eine Verkäuferin hat Mama entdeckt und kommt auf klackernden Absätzen und mit einem grellen Lippenstiftmund aus dem Geschäft getrippelt.
»Möchten Sie den anprobieren?«, fragt sie.
Mama zuckt zusammen.
»Ich gucke nur«, fährt Mama sie an. Ihre Stimme ist kurz vorm Umkippen.
Die Verkäuferin weicht erschrocken zurück.
Über meinen Rücken rieselt ein ganz unangenehmes Kribbeln.
Und da höre ich es: Lachen und lautes Gegröle. Das muss eine ganze Horde Jugendlicher sein. Gleich biegen sie um die Ecke. Ich sehe Mama an. Sie hat sie auch gehört und duckt sich wie ein verängstigtes Vogeljunges. Dabei stößt sie rückwärts gegen die Schaufensterscheibe. Ich laufe eilig zu ihr. Sie greift nach meiner Hand und drückt so fest zu, dass ich vor Schmerz fast aufschreie. Mama zittert am ganzen Körper.
Die Horde walzt um die Ecke. Das ist eine ganze Klasse. Sie

tragen Markenklamotten, haben trendy Frisuren und laufen durch die Gänge, als würde alles ihnen gehören. Wenn sie im Pulk auftreten, kann man nie wissen, auf was für Ideen sie kommen. Mama kneift die Augen zusammen und drückt sich an mich.

Ein paar der Jugendlichen glotzen uns an und lachen. Das Lachen klingt schrill. Die haben offensichtlich noch nie eine Frau gesehen, die Angst hat.

Langsam schiebt sich die Hammelherde an uns vorbei. Das Gelächter und Gegröle verhallt am Ende des Ganges.

Mama hält meine Hand wie in einem Schraubstock, ihr dünner Körper zittert.

»Ist sie krank?«, fragt die Verkäuferin.

»Nein!«

Ich ziehe Mama am Arm, um sie von hier wegzubringen, aber sie rührt sich nicht vom Fleck. Sie steht einfach nur da und kneift die Augen so fest zusammen, dass die Augenlider ganz runzelig werden. Ihr Körper versteift sich.

»Komm, Mama!«, flüstere ich. »Lass uns nach Hause gehen!«

Mama ist weiß wie ein Blatt Papier.

Da fällt mein Blick auf Kurt und Konsorten. Sie kommen in einer Reihe direkt auf uns zu. Kurt, Hanne, Roger und Kari. Kurt und Hanne halten Händchen.

Mein Leben ist soeben dabei, eine sehr unschöne Wendung zu nehmen. Alles Gute scheint sich in diesem Moment zu verabschieden. Wenn Kurt mich jetzt hier sieht, bin ich geliefert. Dann sieht er, wie es um Mama steht. Ganz davon

abgesehen macht man sich nicht direkt beliebt, wenn man mit seiner Mutter Händchen hält.
Ich versuche meine Hand aus Mamas Griff zu schrauben, aber sie umklammert sie so fest, dass ich keine Chance habe.
Ich suche nach einem Mauseloch, in dem wir uns verstecken können. Aber dazu reicht die Zeit nicht mehr. Sie sind nur noch wenige Meter entfernt.
Roger sieht uns als Erster. Ein höhnisches Grinsen breitet sich auf seinem Gesicht aus.
»He!«, sagt er und schlägt Kurt auf die Schulter. Kurt sieht mich an. Und grinst ebenfalls. Schadenfroh. Ich starre auf meine Fußspitzen. Am besten tue ich so, als hätte ich ihn gar nicht bemerkt.
Kurt grinst und die Mädchen kichern. Bestimmt sind sie stehen geblieben, starren mich an und amüsieren sich königlich. *Jim und seine Mutter halten Händchen, ha, ha!* Da haben sie bei ihrer nächsten Fete wenigstens was zu erzählen. Mamasöhnchen Jim. *Hast du seine Mutter gesehen? Die hat doch nicht alle Tassen im Schrank!*
Ich spüre meine Hand kaum noch, hebe vorsichtig den Blick. Kurt und die andern sind längst über alle Berge.
Ich zupfe vorsichtig an Mamas Arm. Sie steht unbeweglich da wie eine Statue.
»Wir müssen jetzt nach Hause«, sage ich streng.
»Ich trau mich nicht«, flüstert sie.
»Aber wir können doch nicht hier bleiben!«
»Ich trau mich nicht.«

»Jetzt komm schon!«, kommandiere ich und ziehe an ihrem Arm.
Mama schüttelt den Kopf.
»Ich trau mich nicht!«
»Soll ich einen Arzt rufen?«, fragt die Verkäuferin.
»Nein!«, schreie ich sie an.
Als ich denke, dass es schlimmer nicht mehr kommen kann, passiert etwas noch viel Schlimmeres: Pitbull-Terje taucht auf. Mit einem hinterhältigen Lächeln zwischen seinen Pausbacken kommt er aus dem Spielwarenladen spaziert.
»Hallo, was macht ihr denn hier?«
»Wir wollten gerade gehen!«, sage ich.
Terje sieht Mama besorgt an.
»Ist sie krank?«
»Nein!«
»Ist das Terje?«, flüstert Mama.
»Ja«, sage ich mit einem Seufzer.
Sie öffnet die Augenlider einen winzigen Spalt.
»Frag ihn, ob er uns helfen kann.«
Etwas Bekloppteres kann ich mir kaum vorstellen.
»Er hat sicher keine Zeit«, sage ich.
»Doch, habe ich, kein Problem!«, sagt Pitbull-Terje eingeschnappt.
»Frag Terje, ob er meine andere Hand festhalten kann«, sagt Mama. »Mit zwei großen Jungs an meiner Seite fühle ich mich sicher.«

Ich glaube ehrlich gesagt nicht, dass es überhaupt einen Sinn macht, zu fragen. Pitbull-Terje ist nicht der Typ, der Leute an der Hand hält.

Doch ehe ich einen Pieps sagen kann, ist Pitbull-Terje schon zu Mama gegangen und hat seine Pranke um ihre zarten Finger gelegt.

»So«, sagt er. »Gehen wir.«

Und wir gehen. Hand in Hand. Der lebensgefährliche Pitbull-Terje, Mama mit der Megaangst und ich. Glücklicherweise ist der Weihnachtsmann nicht da, als wir den Eingang erreichen.

Auf der Treppe zu unserer Haustür schraubt Pitbull-Terje seine Hand aus Mamas Griff.

»Das nächste Mal«, flüstert er mir ins Ohr, »sag ihr bitte, dass sie nicht so fest zudrücken soll.«

MAMA AUSSER RAND UND BAND

Mama hat sich im Badezimmer eingeschlossen. Sie weint. Das Weinen klingt ziemlich heiser. Wahrscheinlich, weil keine Tränen mehr da sind.

Ich klopfe an die Tür, zum hundertsten Mal.

»Was ist mit der Lobotomie?«, versuche ich es.

»Ich bin nicht in der Stimmung für diesen Blödsinn!«, schluchzt Mama. »Lass mich in Ruhe!«

»Darf ich wenigstens reinkommen und dich trösten?«

»Nein!«

Ich sitze auf einem Küchenstuhl und warte. Es ist lange her, dass Mama so am Boden zerstört war. Es wäre jetzt sehr wichtig, dass ich sie ordentlich tröste. Sonst weiß man nie, wo das endet.

Mit einem Mal ist es ganz still im Badezimmer.

Der Schlüssel dreht sich im Schloss, die Tür fliegt auf und Mama kommt in voller Fahrt in den Flur geschossen, rast in ihr Zimmer und knallt die Tür hinter sich zu.

Es dauert nicht lange, bis die ersten Seufzer kommen.

»Oh, mein Gott!«, seufzt sie. »Mein Gott!«

Kurz darauf folgt das erste Stöhnen.

»Ohhh!«
Es klingt, als ob ihr jemand ein Messer ins Herz bohrt.
»Ahhh!«
Eiskalte Schauer kriechen über meinen Nacken und ein unheimliches Gefühl beschleicht mich. Hab ich etwa vergessen, die Tür abzuschließen? Ich kontrolliere die Sicherheitskette. Doch, sie ist vorgelegt.
Die Abstände zwischen den Stöhnern werden kürzer. Es klingt, als ob sie sterben würde. Dabei hat sie nur schreckliche Angst. Und Angst zu haben ist bloß ein *Gefühl.* Mit der richtigen Medizin verschwindet das schreckliche Gefühl wieder.
Die Medizin! Ich muss ihr ihre Tabletten bringen!
Ich laufe ins Badezimmer zum Medizinschränkchen und schnappe mir die Tabletten. Vor ihrer Tür bleibe ich stehen und lausche. Die Stöhnerei nimmt gar kein Ende.
Leise öffne ich die Tür. Mama hat die Decke über den Kopf gezogen. Sie zittert. Jetzt heißt es, taktisch klug vorzugehen. Mit winzigen Schritten schleiche ich mich an ihr Bett.
»Mama?«, flüstere ich.
Mama heult auf. »Was willst du?«
Sie wirft mir das Kissen an den Kopf und brüllt so laut, dass mir die Ohren klingeln: »Hau ab!«
Mir bleibt nichts anderes übrig, als mich zu verdünnisieren.

DENEN WERD ICH'S ZEIGEN

Ich laufe zum Bunker.
Was nicht unbedingt das Schlaueste ist. Immerhin hat Kurt mich zusammen mit Mama gesehen.
Ich werde langsamer. So eilig habe ich es nun auch wieder nicht.
Was soll's, dann hat Kurt mich eben zusammen mit Mama gesehen. Bestimmt hat er sogar gegrinst, als er uns gesehen hat. Aber dann hat er nachgedacht. Und verstanden. Jetzt will er es bestimmt wieder gutmachen. *Du kannst den Bunker gern benutzen!* So sind echte Freunde.
Er hat gesehen, dass ich sie an der Hand gehalten habe, aber das kann ich erklären. *Sie hatte plötzlich solche Schmerzen im Fuß,* könnte ich sagen.
Vielleicht sah sie ja auch gar nicht so verrückt aus. Wenn er sie aus einem günstigen Winkel gesehen hat, sah sie vielleicht sogar vollkommen normal aus.
Es ist absolut still im Bunker. An der Tür hängt ein gigantisches Vorhängeschloss. Meine anfängliche Enttäuschung schlägt schnell in Erleichterung um: So muss ich nicht mit Kurt und den anderen reden. Und das mit dem Bunker lässt sich sicher auch anders regeln.

Zuerst ärgere ich mich, weil das Vorhängeschloss zu kräftig ist. Aber dann fällt mir ein, wie es gehen könnte. Mit einem Brecheisen und positiver Einstellung.
Dummerweise habe ich kein Brecheisen dabei.

Zu Hause im Schuppen finde ich eine hervorragend geeignete, dünne Eisenstange.
Auf dem Weg zum Bunker frischt der Wind ziemlich auf. Die Wellen rollen weit auf den Strand.
Ich leuchte mit der Taschenlampe vom oberen Rand der Böschung auf die Eisentür. Das Vorhängeschloss ist noch da.
Ich schlittere die Böschung hinunter bis vor die Tür. Dann schiebe ich die Eisenstange in den Bügel des Schlosses. Jetzt muss ich nur noch rütteln, so fest ich kann. Das habe ich mal im Fernsehen gesehen. Dann springt das Vorhängeschloss auf wie Butter.
Ich rüttele an der Stange, aber das Vorhängeschloss gibt nicht nach.
Ich versuche es noch einmal.
Das scheint ein besonders starkes Vorhängeschloss zu sein.
»Hi!«, tönt es plötzlich irgendwo über mir.
Ich erstarre.
»Wie geht's deiner Mutter?«
Die Stimme klingt wie ein Rauschen im Wind, aber ich erkenne sie wieder. Das ist Rogers Stimme. In meinem Kopf bricht ein Sturm los.
Wie in Zeitlupe drehe ich mich um.

Oben an der Böschung stehen Roger und Kurt. Kurts Augen sind schwarz. Roger hat die Arme vor der Brust verschränkt. Er wirkt noch cooler als sonst. Kurt rutscht den Hang herunter und prallt mit einem dumpfen Schlag gegen die Tür. Er sieht mich nicht an, als er mir die Eisenstange aus der Hand schnappt. Ich mache einen Schritt nach hinten, als er die Stange aus dem Bügel des Vorhängeschlosses zieht und in den Schnee wirft. Dann zieht er einen Schlüssel aus der Tasche.
Jetzt kommt Roger ebenfalls die Böschung herunter. Er sieht mich höhnisch an.
Kurt schließt mit steinerner Miene auf, sein Blick, mit dem er mich bedenkt, ist messerscharf. Er schnaubt verächtlich. Dann dreht er mir wortlos den Rücken zu und verschwindet im Bunker.
Roger folgt ihm. In der Türöffnung dreht er sich noch einmal um und taxiert mich abschätzig.
»Geh nach Hause zu deiner Mama!«, sagt er grinsend und schlägt mir die Tür mit einem Knall vor der Nase zu.
Von nun an ist die Freundschaft mit Kurt und Roger Geschichte. Den Idioten besorge ich garantiert keine Zigaretten mehr. Und meinen Bunker werden sie auch nicht mehr lange haben! Ich werde sie und ihre Knutschweiber rausschmeißen. Dann werden sie schon sehen, wie es ohne Bunker ist!
Vorher muss ich nur noch einen Pitbull organisieren.

DER PITBULL MUSS HER

Bis jetzt ist es Pitbull-Terje gelungen, geheim zu halten, wo er wohnt. Aber ich weiß Rat. Bernt hat eine Klassenliste mit allen Adressen. Er ist bestimmt froh, wenn endlich jemand Interesse an Pitbull-Terje zeigt. Vielleicht bringt mir das am Ende ja sogar einen Extrastern im Klassenbuch ein. Das Dumme ist nur, dass ich dafür bei Bernt zu Hause vorbeigehen muss. Es gibt wenige Dinge, die peinlicher sind, als während der Weihnachtsferien einen Lehrer zu besuchen.

Ich achte darauf, dass mich niemand dabei ertappt, wie ich an Bernts Haustür klingele.

»Das freut mich, dass ihr beiden euch angefreundet habt«, sagt Bernt, als er die Adressliste aus einem Papierstapel auf dem Schreibtisch heraussucht.

»Ja.«

»Und da weißt du nicht, wo er wohnt?«

»Ich hab vergessen zu fragen …«

Bernt schreibt die Adresse auf einen Zettel.

»Ich hab mir schon gedacht, dass ihr beide zusammenfinden werdet«, sagt er mit einem sehr breiten Lächeln.

Wenn er wüsste. Nicht ums Verrecken würde ich mich mit

Pitbull-Terje anfreunden! So verzweifelt bin ich nun auch wieder nicht. Ich will mir nur seinen Pitbull ausleihen. Und da Pitbulls unberechenbar sind, muss ich Pitbull-Terje wohl oder übel in Kauf nehmen.

Wie sich herausstellt, wohnt Pitbull-Terje in einem der Wohnblöcke in der Nähe des Bunkers.
Ich gehe die Klingelschilder durch und entdecke schließlich eins, auf dem *Torstein & Terje* steht. Torstein ist wahrscheinlich sein Vater. Sie wohnen im zweiten Stock.
Ich stelle mich in die Mitte der Straße und gucke zu den Fenstern im zweiten Stock hoch. In der einen Wohnung sind alle Fenster dunkel. In der anderen brennt Licht im Wohnzimmer.
Mir wird mulmig zumute. Da drinnen ist der Pitbull. Pitbulls können ausrasten. Ohne besonderen Anlass. Ein Klingeln kann schon genügen, dass er durchdreht.
Aber genau das ist es, was den Pitbull so reizvoll für mich macht.
Ich gehe zurück zur Klingelanlage, hole tief Luft und drücke den Knopf, auf dem *Torstein & Terje* steht. Weit entfernt höre ich das Surren der Klingel. Ich lausche auf ein Bellen, aber es bleibt still. Vielleicht ist der Hund ja nicht zu Hause?
Ich zucke zusammen, als die Gegensprechanlage plötzlich zu rauschen beginnt.
»Hallo?«, sagt eine tiefe Männerstimme, die ein wenig erkältet klingt.

»Hallo«, antworte ich.
»Was willst du?«
»Ist Terje zu Hause?«
Ich gebe mir Mühe, so freundlich wie möglich zu klingen. Terje hat schließlich gesagt, dass er niemanden mit nach Hause bringen darf.
»Wer bist du?«, grunzt die tiefe Stimme.
»Jim.«
»Bist du ein Freund von Terje?«
»Ja.«
Eine Weile ist es still, dann summt der Türöffner.
»Komm hoch!«
Zögernd trete ich in den Flur. Wenn ich langsam gehe, gewöhnt der Pitbull sich in der Zwischenzeit vielleicht an meinen Geruch und wird nicht ganz so wild.
Meine Schritte hallen von den Wänden wider, als ich die Treppe hochgehe. Der Pitbull leckt sich bestimmt schon die geifernden Lefzen.
Mit weichen Knien schleiche ich Treppenstufe für Treppenstufe nach oben. Noch könnte ich umkehren und das Ganze einfach vergessen. Aber wo soll ich dann hin? Der Bunker ist besetzt. Und Mama ist völlig neben der Spur.
Ich gehe weiter.
In der zweiten Etage ist eine Tür angelehnt. Ich kriege einen Schock. Da kann der Hund doch einfach so rauskommen!
Ich bleibe stehen. Mein Herz rast. Ich horche und bin mir fast sicher, das Keuchen des Biestes zu hören.

Leise und ganz vorsichtig nähere ich mich der Tür. Dahinter sieht es ziemlich unordentlich aus. Über den Boden verstreut liegen Schuhe, Jacken und Pullover.
So ist es also, wenn man einen Pitbull im Haus hat. Da hat Ordnung keine Chance.
Ich räuspere mich. Meine Stimme ist zittrig.
»H-hallo?«
Im hinteren Teil der Wohnung ist ein Rascheln zu hören.
»Komm rein«, sagt die heisere Stimme. »Terje kommt gleich.«
Terjes Vater ist wahrscheinlich im Wohnzimmer und hält das Biest fest. Mit Kette und Nagelhalsband. Sonst hätte er mich ja wohl kaum aufgefordert reinzukommen, oder?
Ich schleiche auf Zehenspitzen durch den Flur. Die Wohnung sieht aus wie nach einer Explosion: Es liegen Koffer herum, aus denen Kleider quellen. Ein Stapel mit Schallplatten ist umgekippt und verteilt sich über den Boden. Offene Kartons stehen wild durcheinander, dazwischen liegen Legosteine und Spielzeugautos. Ich verstehe nicht, wieso Leute, die so unordentlich sind, sich auch noch einen Hund zulegen.
Ich verschaffe mir einen blitzschnellen Überblick. Rechts ist die chaotische Küche, links kann man durch einen Türspalt in das nicht weniger chaotische Bad gucken, und geradeaus liegt das Wohnzimmer. Und in dem Wohnzimmer sitzt ein riesengroßer, unförmiger Mann in einem Sessel, mitten in einem Wirrwarr aus Kartons und Unordnung. Er hat dün-

nes, schütteres Haar und Unmengen von Bartstoppeln. Sein Gesicht ist ein wenig zerknautscht, als wäre er eben erst aufgestanden. Er schraubt mit einem Schraubenzieher an einer Stehlampe herum. Der Hund ist nirgends zu sehen. Vielleicht macht Pitbull-Terje ja gerade einen Spaziergang mit ihm?

Terjes Vater legt die Stehlampe auf den Boden und erhebt sich mit steifen Bewegungen aus dem Sessel. Und da sehe ich, dass er eine rote Weihnachtsmannhose anhat. Es ist der dicke Weihnachtsmann aus dem Einkaufszentrum.

»Magst du was trinken?«, fragt er.

Ich nicke, weil mein Mund völlig ausgetrocknet ist.

Er geht in die Küche und nimmt eine Flasche Cola aus dem Kühlschrank. Die Spüle verschwindet unter schmutzigen Tassen und benutzten Tellern, aber im Abtropfgestell findet er noch ein paar saubere Gläser und stellt sie auf den Rand der Spüle.

Ich suche den Küchenboden nach Hundenäpfen ab, aber abgesehen von der Unordnung kann ich keine Spur von einem Pitbull entdecken.

Ich beschließe, ihn direkt zu fragen.

»Geht Terje gerade mit dem Pitbull Gassi?«

Er schenkt Cola in die Gläser.

»Mit welchem Pitbull?«

»Na, mit seinem Pitbull-Terrier!«

Er dreht sich zu mir um. Das zerknautschte Gesicht verzieht sich zu einer fragenden Fratze.

»Hat Terje gesagt, wir hätten einen Pitbull?«
Ich nicke.
Terjes Vater seufzt und schüttelt fassungslos den Kopf. Dann bückt er sich und fischt eine Flasche mit durchsichtiger Flüssigkeit aus dem Schrank unter der Spüle. Er nimmt einen großen Schluck aus dem einen Colaglas und gießt so viel aus der Flasche nach, bis das Glas wieder voll ist, und nimmt gleich noch einen Schluck. Er reicht mir das andere Glas und sieht mich traurig an.
»Kriegt er Probleme, wenn sich rausstellt, dass wir keinen Pitbull haben?«
Ich nicke.
Er nimmt noch einen Schluck und schüttelt nachdenklich den Kopf.
»Ich weiß nicht, was ich mit Terje machen soll«, seufzt er.
Ich nippe an meiner Cola.
»Ich auch nicht«, sage ich.

DER VORTEIL MIT TERJE

Man kann eine Menge Negatives über Terje sagen. Mit gutem Grund. Zum Beispiel, dass er lügt, dass sich die Balken biegen. Ein Pitbull-Terrier, also ehrlich!

Ich stelle mir voller Schadenfreude vor, wie sein Schwabbelgesicht sich verzieht, wenn ich ihm erzähle, dass ich Bescheid weiß.

Andererseits: Ich bin nicht sicher, ob ich es hinterher immer noch lustig finde, wenn er dann ausrastet. Auch wenn er keinen Pitbull hat, ist er doch so riesig, dass allein die Erwähnung seines Namens einen schon erzittern lässt.

Was bei der Zurückeroberung des Bunkers wiederum von Vorteil sein könnte.

Da kann ich keine Rücksicht darauf nehmen, dass ich ihn nicht mag.

Ich warte hinter einem Auto, das vor dem Hauseingang parkt, auf Terje. Als ich den tapsigen Fettwanst angewackelt kommen sehe, springe ich auf die Straße und tue so, als würde ich gerade ganz zufällig einen Spaziergang hier vorbei machen.

Terje grinst dämlich, als er mich sieht, und winkt mir mit einer Plastiktüte aus dem Einkaufszentrum zu.

»Hi!«, sagt er mit eifrig kindischer Stimme. Wie peinlich! Ich komme direkt zur Sache. »Wir müssen den Bunker zurückerobern.«
Terje nickt.
»Ganz deiner Meinung!«
»Es eilt!«, sage ich.
»Äh.«
Terje spitzt die Lippen, setzt eine nachdenkliche Miene auf und kratzt sich am Kinn.
»Da gibt es nur ein Problem«, sagt er.
»Welches?«
»Der Pitbull ist krank. Er ist im Tierheim.«
Jetzt werde ich aber langsam sauer. Ich habe die Pitbull-Lüge gründlich satt. Am liebsten würde ich ihm das direkt ins Gesicht sagen. Aber man weiß ja nie, wie Terje reagiert. Stattdessen sage ich: »Dann müssen wir eben ohne den Pitbull zurechtkommen.«
»Das ist nicht nötig!«, sagt Terje enthusiastisch. »Der Hund kommt morgen wieder nach Hause. Und dann können wir den Bunker zurückerobern!«
Terjes Dreistigkeit kennt wirklich keine Grenzen.
»Okay?«, fragt er.
Er scheint selber zu glauben, was er sagt.
»Mh-mh«, murmele ich nur. »Das könnte klappen.«

DER ERSATZ-PITBULL

Mama hält mich fast die ganze Nacht lang wach. Sie seufzt und stöhnt, dass mir ganz schlecht wird. Und dann weint sie. Diesmal scheint ihre Angst unendlich groß zu sein.
Schließlich kann ich sie wenigstens überreden, ein paar Schlaftabletten zu nehmen. Aber selbst im Schlaf stöhnt sie noch. Bestimmt hat sie schreckliche Albträume.

Nach dem Frühstück gehe ich direkt zu Terje. Ich halte es nicht mehr aus mit Mama. Da spielt es auch keine Rolle, dass ich versprochen habe, auf keinen Fall bei ihm vorbeizukommen.
Terje geht in die Luft, als er meine Stimme in der Gegensprechanlage hört.
»Was zum Teufel machst du hier? Der Pitbull dreht durch!«
»Aber der Pitbull ist doch im Tierheim!«, sage ich.
»Ja, und darüber solltest du echt froh sein!«
Terje kommt runter. Seine Wangen sind vor Wut knallrot. Und seine Augen blitzen.
»Ich hab doch gesagt, dass du *auf keinen Fall* hierher kommen sollst!«

Terje marschiert mit Riesenschritten an mir vorbei über die Straße. Er schielt zu dem Fenster in der zweiten Etage hoch.
»Aber wir müssen den Bunker zurückerobern!«, sage ich. »Es eilt!«
»Aber der Hund ist doch im Tierheim!«
»Dann müssen wir eben Ersatz finden!«
Terje bleibt abrupt stehen.
»Ersatz?«, fragt er erschrocken.
»Ja, einen anderen Pitbull.«
»Aber die sind doch lebensgefährlich!«
»Genau deswegen ist es ja so gut, dass du Erfahrung mit Pitbulls hast.«
Terjes Blick wird panisch.
»Aber das ist was völlig anderes mit einem Hund, den ich nicht kenne! Der dreht womöglich durch! Man weiß nie, was einem fremden Pitbull alles einfällt!«

Wir gehen zu dem Motorrad-Klub unten an der Fernstraße. Motorrad-Klubs haben immer ein oder zwei Pitbulls.
Keine Menschenseele weit und breit. Das Garagentor ist geschlossen. Wahrscheinlich ist es noch zu früh am Morgen für solche Typen.
Terje bleibt plötzlich stehen.
»Ich denke, ich warte hier«, sagt er und schielt nervös zu der Garage. »Pitbulls drehen total durch, wenn sie die Witterung eines anderen Pitbulls aufnehmen.«

Also gehe ich allein zu der Garage und trete mit der Schuhspitze gegen das Tor. Nichts passiert. Ich drehe mich um und schaue zu Terje. Er hat sich bis zur Straße zurückgezogen. So ein Schisshase. Ich trete noch einmal gegen das Tor und höre jetzt in einiger Entfernung Gepolter und ein kräftiges Husten. Kurz darauf wird auf der Innenseite des Tors der Riegel zurückgeschoben. Die Scharniere kreischen laut, als sich das Tor öffnet. In der Toröffnung erscheint ein riesiger Kerl mit einem dichten, zerzausten Bart.

»Was willst du?«

Sein Bart zittert beim Sprechen.

»Wir würden gern einen Pitbull-Terrier ausleihen«, erkläre ich.

Der Mann fängt wie wahnsinnig an zu husten. Sein Atem pfeift, als hätte er ein Loch in der Lunge. Nach einer Weile beruhigt er sich wieder.

»Bist du übergeschnappt, oder was?«, fragt er. »Pitbulls sind lebensgefährlich!«

»Das ist ja gerade das Gute an ihnen«, sage ich.

»Und überhaupt sind die gar nicht erlaubt!«, sagt der Motorradtyp.

»Dumm gelaufen«, sagt Terje, als ich ihm Bericht erstatte. Seine Stimme klingt verdächtig fröhlich.

»Dann müssen wir eben einen anderen finden«, sage ich.

»Lass uns lieber warten, bis mein Pitbull aus dem Tierheim zurück ist«, sagt Terje.

Ich kann mich nicht länger zurückhalten. »Und wie lange dauert das noch, wenn ich fragen darf?«

»Och, 'ne Weile schon noch.«

»So lange können wir nicht warten«, sage ich.

Wenn ich es mir recht überlege, wird es extrem schwierig werden, einen *richtigen* Pitbull zu organisieren. Die sind verboten und außerdem so lebensgefährlich, dass die wenigsten einen haben wollen. Eigentlich ist es gar nicht so wichtig, dass es ein Pitbull ist. Hauptsache ein großer und gefährlich aussehender Hund.

»Okay«, sage ich. »Dann suchen wir eben einen, der so ähnlich aussieht.«

Wir durchstreifen Straße um Straße auf der Suche nach einem entsprechend fiesen Hund. Das ist gar nicht so einfach. Um diese Tageszeit sind nur wenige richtig fiese Hunde unterwegs. Die meisten sehen aus, als ob sie im Hundekurs waren, die würden noch nicht mal Katzen anbellen. Sie spazieren brav und wohl erzogen an uns vorbei und denken gar nicht daran, zu knurren oder zu kläffen.

In einer Straße, gar nicht weit von unserem Haus entfernt, entdecken wir an einem Gartentor ein Schild, auf dem *Vorsicht, bissiger Hund!* steht. Darunter ist das Bild eines Schäferhundes. Dem Hund hängt die Zunge aus dem Maul, was ihn sehr freundlich aussehen lässt. Aber der wäre trotzdem gut. Ein Schäferhund hat ziemlich viel Ähnlichkeit mit einem Wolf. Und wenn wir ihn im richtigen Augenblick in den Schwanz kneifen, wird er hoffentlich auch ein bisschen wölfisch.

»Ich warte draußen«, sagt Terje.

Ich sehe ihn streng an.

»Schmiere stehen«, fügt er schnell hinzu.

»Du kommst mit!«, sage ich.

Ich hebe den Riegel der Gartenpforte an und schiebe sie auf. Garten und Haus sind beeindruckend groß, auf der einen Seite grenzt das Grundstück sogar an ein kleines Wäldchen. Laut unserem Plan wollen wir fragen, ob wir mit dem Hund Gassi gehen dürfen. Die meisten Leute finden es ganz reizend, wenn kleine Jungs mit ihren Hunden Gassi gehen wollen. Dann müssen sie es nicht selber machen. Und wenn der Hund mich *Gassi gehen* sagen hört, was ich natürlich besonders deutlich aussprechen werde, wird er so aus dem Häuschen geraten, dass der Besitzer gar nicht nein sagen kann.

Wir sind fast an der Tür angelangt, als es passiert: Um die Hausecke kommt laut kläffend ein wölfisches Wesen geschossen.

Ich habe eigentlich keine Angst vor Hunden, aber als das Vieh mit messerscharfen Zähnen direkt auf mich zustürmt und wie wahnsinnig bellt, mache ich eine Ausnahme.

Ich renne, so schnell meine Beine mich tragen. Terje rennt ebenfalls, so schnell seine Beine ihn tragen. Aber er hat ein paar Kilo mehr zu tragen als ich, weshalb er nicht ganz so schnell ist. Der Schäferhund ist uns dicht auf den Fersen.

Es geht um Leben und Tod, haarscharf. Jetzt heißt es, rennen was das Zeug hält.
Ich höre Terje hinter mir schnaufen und keuchen. Und direkt hinter ihm wildes Gekläffe und trommelnde Pfoten auf den Steinplatten.
Ein Schäferhund ist mit ziemlicher Sicherheit schneller als ein Mensch. Jedenfalls schneller als ein schmächtiger Mensch wie ich und ein großer Mensch wie Terje. Es ist nur eine Frage der Zeit.
Ich sprinte blind drauflos und klettere blitzschnell auf den nächstbesten Baum. Dabei schramme ich mir die eine Handfläche auf, aber das lässt sich nicht ändern. Terje kommt mit dem kläffenden Köter auf den Fersen auf den Baum zugerannt. Es fehlt nicht mehr viel, bis der Hund seine Zähne in Terjes Hinterteil schlagen kann.
Mit Müh und Not wuchtet Terje seinen gewaltigen Leib auf den unteren Ast. Der Schäferhund springt kläffend am Stamm hoch, aber Terje kann sich in letzter Sekunde in Sicherheit bringen. Er ist völlig erledigt. Der Schweiß läuft wasserfallartig an ihm herunter, sein Atem geht stoßweise und sein Gesicht ist blutrot.
Der Köter bellt noch eine Weile weiter, bis er es schließlich aufgibt. Er hockt sich vor den Baum und glotzt zu uns rauf. Er sieht nicht sehr freundlich aus.

Der Schäferhund hat ziemliches Sitzfleisch. Wir fangen an zu frieren.

»Glaubst du, wir müssen noch lange hier oben bleiben?«, fragt Terje bibbernd.
»Das ist alles nur eine Frage der positiven Einstellung«, sage ich.
»Der muss doch irgendwann mal Hunger kriegen«, sagt Terje.
»Sag das nicht.«
Es vergeht noch eine halbe Stunde, bis der Schäferhund gähnt, sich reckt und von dannen trottet.

MAUSI

Ich gucke mir das Bild von dem Pitbull auf meinem Internetausdruck noch einmal an.
»Eine gewisse Ähnlichkeit besteht schon«, sage ich und vergleiche den Hund in dem Vorgarten, der uns neugierig mustert, mit dem Bild. Das ist ein Tibet-Spaniel. Er ist möglicherweise nicht ganz so groß wie ein Pitbull, das Fell ist ein wenig länger und außerdem eine Idee heller. Aber ansonsten ähneln sie sich sehr. Immerhin ist das ein Hund. Genau genommen ein kleiner Hund, aber in jedem Fall: ein Hund.
Terje schnappt mir das Blatt Papier aus der Hand und studiert es gründlich und ausgiebig.
»Das könnte gehen«, sagt er.

Die alte, magere Dame, der der Hund gehört, lässt sich darauf ein, ihn uns auszuleihen.
»Aber ihr müsst mir versprechen, lieb zu Mausi zu sein!«, sagt sie streng, als sie Terje die Leine reicht. Terje starrt verdutzt auf die Leine, ehe er sie zögernd annimmt.
»Natürlich sind wir lieb zu ihr!«, verspreche ich.
Terje blickt auf den Hund hinunter und räuspert sich.

»Na dann, komm!«, sagt er. Aber Mausi kommt nicht. Sie sitzt da und guckt dämlich zu ihm hoch.
»Zieh ein wenig an der Leine, dann kommt sie schon«, sagt die Dame.
Terje zieht kräftig an der Leine und schlurft Mausi über den Schnee. Die alte Dame kriegt fast einen Herzanfall.
»Um Himmels willen, du musst vorsichtig sein!«, sagt sie mit brüchiger Stimme. Aber Terje zerrt weiter an der Leine, sodass Mausi einen Satz durch die Luft macht. Die Dame reißt Augen und Mund auf, was ihr Gesicht noch runzeliger aussehen lässt. Es scheint mir angebracht, dass wir uns aus dem Staub machen.

Wir müssen ein paar Veränderungen an Mausi vornehmen, damit sie mehr wie ein Pitbull aussieht. Ein Pitbull ist nämlich kurzhaarig, das komplette Gegenteil also von einem Tibet-Spaniel.
Ich schleiche in die Wohnung, um eine Schere zu holen. Dummerweise wird Mama wach und ist schrecklich besorgt.
»Was ist da los?«, fragt sie mit ihrer Angststimme.
Ich antworte ihr, dass ich nur ein paar Playmobilsachen hole, die ich mit in den Bunker nehmen will.
»Ach so«, sagt sie und atmet erleichtert auf.
Damit niemand uns sieht, gehen wir mit Mausi in den Wald. Ich fordere Terje auf, sie festzuhalten, aber Terje rümpft die Nase.

»Mir wär's lieber, wenn ich sie nicht anfassen müsste«, sagt er. »Solche Hunde können alle möglichen Krankheiten haben.«

Der Kerl ist wirklich keine große Hilfe.

»Sorg wenigstens dafür, dass sie stillsteht«, sage ich und nehme die Schere zur Hand.

Mausi steht vor einem Baumstamm und bohrt aufgeregt schnuppernd die Schnauze in den Schnee. Sie bekommt nicht mit, wie ich mich ihr nähere. Terje steht mit der Leine am ausgestreckten Arm da, so weit entfernt wie möglich.

Ich beuge mich über Mausi. Ihre Nase wühlt und schnüffelt und sie wedelt mit dem Schwanz. Ich bin fast unten bei ihr angelangt, als meine Kniegelenke knacken. Mausi fährt erschrocken herum und starrt direkt auf die Schere. Sie dreht völlig durch, kläfft mich an und hört gar nicht mehr auf. Besser gesagt: Sie kläfft nicht, sie bofft.

»Boff! Boff!!!«, macht sie.

Ich weiche zurück.

Gut, dass Mama Schlaftabletten hat.

MAUSI WIRD EIN PITBULL

Mir bleibt keine andere Wahl, als Mausi und Terje in die Wohnung einzuschleusen. Wenn wir einen ordentlichen Pitbull aus Mausi machen wollen, müssen wir gründliche Arbeit leisten. Die Schere allein reicht nicht, wir brauchen einen Rasierer. Außerdem sollte Mausi nicht länger als nötig draußen sein, wenn sie erst einmal geschoren ist. Ein Hund, der ursprünglich langes Fell hatte, könnte einen Kälteschock kriegen, wenn er plötzlich keins mehr hat.

Mama darf auf keinen Fall mitbekommen, dass ich Terje und Mausi mit in die Wohnung nehme.

»Tu so, als wärst du Luft«, sage ich zu Terje.

»Wieso?«

»Weil ich eigentlich niemanden mit nach Hause bringen darf.«

Ich klopfe dreimal an die Tür. Terje sieht mich verwundert an und will gerade etwas sagen, als ich ihm ein Zeichen gebe, den Mund zu halten.

Drinnen ist das Klirren der Sicherheitskette zu hören. Das Schloss schnalzt leise, als Mama die Tür aufschließt. Ich warte noch ein wenig, bis sie wieder in ihrem Zimmer ist. Von dort aus kann sie den Flur nicht einsehen.

Dann schiebe ich langsam die Tür auf und gucke nach drinnen. Die Tür zu Mamas Zimmer ist angelehnt.
»Ich bin's nur«, sage ich mit unschuldiger Stimme.
»Hallo!«, seufzt Mama aus ihrem Zimmer.
Terje zieht auf mein Zeichen so heftig an Mausis Leine, dass Mausi einen Satz nach vorne macht. Ihr entweicht ein Winseln. Ich gebe Terje zu verstehen, dass er um Himmels willen leise sein soll. Er breitet die Arme aus und zeigt vorwurfsvoll auf Mausi.
Wir schleichen leise an Mamas Zimmer vorbei zum Bad. Gerade als ich die Tür öffnen will, sagt Mama: »Hast du Terje mitgebracht?«
Ich will schon verneinen, als Mama hinzufügt: »Das freut mich. Tut mir nur einen Gefallen und macht nicht so viel Lärm.«

Mausi schlingt die Salamischeiben runter, glücklich unwissend, dass ich eine Schlaftablette dazwischengelegt habe.
»Und jetzt?«, fragt Terje.
»Jetzt warten wir, bis sie einschläft«, sage ich.
Was, wie sich rausstellt, eine Weile dauert. Mausi trippelt durchs Badezimmer und schnuppert neugierig in jeder Ecke und jedem Winkel. Nach vielem Hin und Her setzt sie sich endlich auf den Hintern und leckt sich am ganzen Körper. Das ist wahrscheinlich die Hundewäsche, die vorm Schlafengehen erledigt werden muss. Auch dabei lässt sie sich reichlich Zeit.

Aber dann ist es endlich so weit: Sie reißt das Maul zu einem gewaltigen Gähnen auf. Terje und ich tauschen vielsagende Blicke. Jetzt dauert es bestimmt nicht mehr lange.
Und tatsächlich. Mausi rollt sich zu einer Kugel zusammen. Ihre Augenlider schließen sich sachte.
Sicherheitshalber warten wir noch ein bisschen, ehe ich den Rasierer raushole. Mama hat so ein Teil, mit dem sie sich unter den Armen und an den Beinen rasiert. Ich durchsuche alle Schränke im Bad, kann aber nirgendwo Rasierschaum finden. Aber ganz hinten in dem Hängeschrank über dem Waschbecken entdecke ich eine Flasche Shampoo.
Da klopft es plötzlich an der Tür.
»Was macht ihr da?«
Das ist Mama. Sie hört sich besorgt an.
»Wir packen Weihnachtsgeschenke ein«, sage ich.
Es dauert eine Weile, ehe sie etwas sagt.
»Oh«, seufzt sie. »Ich lege mich wieder hin.«

Einen Hund zu rasieren ist schwieriger, als man denkt. Mausis Haare sind zu lang und sitzen extrem fest. Aber es geht, wenn man nur will. Mit Hilfe der Schere und ziemlich viel Geduld.
Hinterher ist der Boden voller Haare und Schaum. Mausi liegt fertig geschoren da und schnarcht laut. Sie hat nichts gemerkt.
»Verblüffende Ähnlichkeit«, sagt Terje.

Und ohne mich selbst loben zu wollen: Wir haben wirklich ganze Arbeit geleistet. Kaum zu glauben, dass das ein Tibet-Spaniel ist. An einigen Stellen ist Mausi vollkommen glatt rasiert. An anderen Stellen stehen noch ein paar Haarbüschel. Die Haut ist hier und da ein wenig gerötet und wund, aber das ist nicht weiter schlimm. Das macht sie noch glaubwürdiger als Pitbull.
Der einzige Minuspunkt ist der, dass sie ohne Fell ziemlich mickrig aussieht. Wir werden wohl sagen müssen, dass es sich um einen Pitbull-Welpen handelt. Sonst fallen Kurt und Roger nie darauf rein.

DER PLAN

Mausi lässt sich Zeit mit dem Aufwachen. Wenigstens können wir so den Plan in Ruhe durchgehen. Was auch nötig ist, denn Terje ist ungeheuer schwer von Begriff. Ich muss ihm bestimmt hundertmal erklären, dass es schlauer wäre, wenn wir so tun, als wäre ich nicht mit *ihm*, sondern mit Kurt und Roger befreundet.

»Aber ist es denn nicht besser, wenn wir im Team arbeiten?«, fragt Terje zum x-ten Mal.

»Nein! Wenn sie wissen, dass wir Freunde sind, glauben sie mir nie, dass das ein richtiger Pitbull ist!«

Langsam werde ich sauer. Wir haben das jetzt tausendmal besprochen und jedes Mal hat Terje behauptet, dass er es verstanden hat. Dann vergehen keine drei Sekunden, bis er wieder fragt.

Ich bin mir übrigens nicht mehr ganz sicher, wer eigentlich mein Freund ist.

Terje nicht, das versteht sich von selbst. Er ist dumm wie Brot und ungefähr so beliebt wie Mumps und Lungenentzündung zusammen. Es ist nicht sehr clever, einen Freund zu haben, den alle doof finden.

Andererseits kann man nicht gerade behaupten, dass Kurt

und Roger sonderlich begeistert waren, als ich sie das letzte Mal getroffen habe. Man kann sich kaum vorstellen, dass das meine besten Freunde sein sollen, so wie sie mir die Bunkertür vor der Nase zugeknallt haben.
Aber Kurt berappelt sich bestimmt bald wieder. Er hat sicher ein sauschlechtes Gewissen und wird sich bei mir entschuldigen. Die Chance darf ich mir nicht entgehen lassen. Kurt mag schlechte Seiten haben, aber er ist trotz allem der coolste Junge der Klasse.
Das Beste wird sein, wenn Kurt und Roger gar nicht mitbekommen, dass ich was mit der Rückeroberung des Bunkers zu tun habe. Wenn Terje und ich den Bunker erst einmal zurückgewonnen haben, werden wir bestimmt eine Regelung finden, wie wir ihn unter uns aufteilen. Meinetwegen darf er den Bunker morgens benutzen und ich am Nachmittag. Dann haben wir nichts mehr miteinander zu tun. Und ich kann weiter Kurts bester Freund sein, ohne dass er je erfährt, dass ich an der Rückeroberung des Bunkers beteiligt war. Damit hätte ich zwei Fliegen mit einer Klappe geschlagen. Das scheint mir doch eindeutig die beste Lösung.

ATTACKE

In dem Wäldchen hinter dem Bunker gehen Terje und ich den Plan noch ein letztes Mal durch. Die Sterne und der Mond am Himmel leuchten so hell, dass man gut sehen kann, obwohl es schon ziemlich spät und längst dunkel ist. Mausi steht bibbernd im Schnee. Es wird sicher eine Weile dauern, bis sie sich an den Kurzhaarschnitt gewöhnt hat.
Ich sage Terje, dass er sich am Rand des Waldes aufstellen soll, und schleiche los. Aus dem Bunker dröhnt und wummert Musik, dass es eine Pracht ist. Sie scheinen gar nicht genug von dem Lärm zu kriegen.
Als ich am oberen Rand der Böschung angelangt bin, drehe ich mich zu Terje um und strecke den Daumen in die Luft. Terje streckt seinen ebenfalls hoch und ruckt an der Leine. Mausi ist völlig in ihrer eigenen Welt versunken und scheint wesentlich mehr daran interessiert zu sein, irgendwelche Büsche anzupinkeln, als den Bunker anzugreifen.
Ich gehe zur Bunkertür runter und mache mich bereit. Ich tue, als wäre ich völlig außer Puste, zause mir durchs Haar, werfe mich mit Wucht gegen die Tür und trommele mit den Fäusten dagegen. Die Musik verstummt. Kurz darauf öffnet die Tür sich einen Spaltbreit und Roger schaut heraus.

»Der Pitbull ist mir auf den Fersen!«, rufe ich und werfe todesängstliche Blicke über die Schulter nach hinten.

»Hä?«

Ich reiße die Tür auf und dränge mich an Roger vorbei.

Kurt sitzt mit Hanne auf dem Schoß im Sessel. Wahrscheinlich haben sie wieder Flaschendrehen gespielt. Kurt grinst, als er mich sieht. Vielleicht heißt das ja, dass wir wieder Freunde sind.

»Pitbull-Terje ist mit seinem Pitbull auf dem Weg hierher!«, rufe ich.

Kurt bricht nicht gerade in wilde Panik aus. Im Gegenteil, er wirkt ziemlich gelassen. Hanne stöhnt laut.

»Ach, was du nicht sagst.«

»Echt, ich habe ihn gesehen!«, sage ich. »Er ist nicht sehr groß, wahrscheinlich noch ein Welpe, aber er sah total gefährlich aus!«

Meine Stimme klingt nicht ganz so panisch, wie geplant. Aber Roger fällt trotzdem darauf rein.

»Mist!«, platzt er heraus. Er läuft zur Tür und schiebt den Riegel vor. In dem Augenblick klopft es an der Tür. Roger weicht erschrocken zurück.

»Das ist er!«, ruft er.

»Raus aus meinem Bunker!«, hallt von draußen Terjes Stimme. »Ich habe den Pitbull dabei!«

Kurt schaut lächelnd zur Tür und schiebt Hanne von seinem Schoß. Dann steht er auf.

»Den Pitbull möcht' ich ja nun doch sehen …«

Laut Plan soll Terje sich in bedrohlicher Positur am oberen Rand der Böschung aufbauen. Er soll Mausi in den Schwanz kneifen, um sie ordentlich anzuheizen, damit sie den Bunker stürmt, sobald die Tür aufgeht. Ich werde dann mit Kurt und Co. zusammen flüchten.

Kurt schiebt den Riegel weg und drückt die Tür auf.

Direkt davor steht Mausi. Allein. Sie ist noch mickriger, als ich sie in Erinnerung hatte. Mit dem kurzen Fell und den Haarbüscheln sieht sie ziemlich jämmerlich aus. Jedenfalls nicht nach einem Pitbull. Und es ist nicht sehr vorteilhaft, dass sie vor Kälte zittert.

Die Leine windet sich wie eine schlaffe Schlange die Böschung hinauf, wo Terje steht.

»Mausi, fass!«, flüstert er verzweifelt.

Kurt prustet. Die Mädchen kichern. Und Roger haut sich vor Lachen auf die Schenkel.

»Das soll ein Pitbull sein?«, sagt Kurt höhnisch grinsend.

»Der sieht eher aus wie eine Beutelratte!«, sagt Hanne. Die Lacher erreichen ungeahnte Höhen. Um mich nicht zu verraten, lache ich vorsorglich mit.

Die arme Mausi blickt erschrocken zu uns hoch und beginnt zu boffen. Roger und die anderen lachen immer ausgelassener. Und Mausi bofft immer lauter. Am Ende bringt sie sogar ein leises Knurren zustande. Nicht sehr überzeugend. Mausi spielt ihre Rolle als Pitbull schlicht und einfach schlecht.

Der Plan ist völlig in die Hose gegangen. Gott sei Dank

sieht er vor, dass ich so tun soll, als wäre ich auf Kurt und Rogers Seite. Ich mag mir gar nicht ausmalen, wie peinlich es wäre, wenn ich jetzt neben Terje stehen würde. Er macht einen ziemlich jämmerlichen Eindruck. Sein massiger Körper wirkt irgendwie in sich zusammengesunken und sein Gesicht ist zu einer panischen Grimasse verzerrt. Verzweifelt zerrt er an der Leine.

Mausi zieht sich ein bisschen zurück, wobei sie wie wahnsinnig bofft.

»Bist du hässlich!«, sagt Kurt, kniet sich hin und streckt die Hand nach Mausi aus. Sie mustert sie skeptisch, bofft aber gleich ein bisschen weniger hartnäckig.

»Das ist ein *Welpe*!«, sagt Terje. Seine Stimme klingt kindisch. Total bescheuert. Armer Kerl.

Kurt geht auf Mausi zu.

»Komm, mein Kleiner«, sagt er mit falscher Säuselstimme.

Mausi hat aufgehört zu boffen. Sie schnuppert wie um ihr Leben und nähert sich zögernd Kurts Fingern. Jetzt leckt sie auch noch seine Hand. Das hat noch gefehlt. So wird Kurt *niemals* glauben, dass Mausi ein Pitbull ist. Terje sollte so schnell wie möglich das Weite suchen. Ich muss ihm ein Zeichen geben!

Ich schaue zu ihm hoch. Seine Stirn ist zerfurcht und seine Augenbrauen liegen wie abgeknickt über seinen Augen. Ich nicke in Richtung Wald und sehe ihn streng an. *Hau ab,* soll das heißen. Aber Terje guckt verständnislos zum Wald und wieder zurück zu mir. Ich lege noch mehr Strenge in meinen Blick und nicke energisch in Richtung Wald. Aber Terje schüttelt den Kopf. Sein Gesicht ist wie versteinert. Kurt krault Mausi inzwischen am Hals.

»Der hat Tollwut!«, ruft Terje plötzlich. Kurt zuckt zusammen und zieht die Hand zurück.

»Ha, ha«, sagt Hanne. »Sehr witzig!«

Mausis Leine ist zum Zerreißen gespannt, während sie verzweifelt versucht, zu Kurt zu gelangen, der sich in die Türöffnung zurückgezogen hat. Terje kommt näher, damit Mausi Kurt folgen kann. Kurt blickt verächtlich schnaufend auf sie herab. Aber das Schnaufen ist ein wenig zögerlich. Das Licht aus dem Bunker fällt auf Terjes Gesicht. Sein Blick hat sich verfinstert, er hat wieder das zornige Pitbullgesicht.

»Nie im Leben hat der Hund Tollwut«, sagt Hanne.

»Doch, deswegen ist er auch so kahl!«, erklärt Terje.

Kurt und die anderen sehen Mausi an. Terje hat Recht. Die rasierte Haut mit den roten Flecken und den vereinzelten Zotteln sieht wirklich nach einer schrecklichen Krankheit aus. Ich ärgere mich über mich selbst. Daran hätte ich auch denken und es in den Plan einbauen können. Jetzt muss ich versuchen, das Beste daraus zu machen.

»Guckt mal, er hat Schaum am Maul!«, sage ich.

»Wo?«, fragt Kurt. Und nun besteht kein Zweifel mehr. Kurts Stimme zittert. Er wischt sich die Hand, die Mausi geleckt hat, an der Hose ab.

»Rechts!«, sage ich.

»Ja, ich sehe es!«, sagt Roger erschrocken.
»Schaum vorm Maul ist der sicherste Beweis«, sage ich.
»Ich sehe nichts«, seufzt Hanne.
»Ich glaube, ich sehe auch was«, sagt Kari.
Terje kommt die Böschung herunter und Mausi trippelt weiter vorwärts.
Kurt und Roger weichen beide zurück, in der Türöffnung wird es allmählich eng.
»Ihr gebt mir jetzt den Bunker zurück oder ich hetze sie auf euch!«, ruft Terje. Er bückt sich zu Mausi runter, fasst ihr Halsband und löst die Leine.
»Fass!«, brüllt er.
In diesem Moment knallt Kurt die Tür zu.

TOLLWUT

Terje brüllt und schreit wie ein Wilder. Die Eisentür scheppert jedes Mal, wenn er dagegen tritt oder mit den Fäusten dagegen trommelt. Zwischendurch ist Mausis leises Boffen zu hören.

Kurt sitzt leicht verkrampft im Sessel und hält die beschlabberte Hand so weit von seinem Körper weg wie möglich. Hin und wieder mustert er sie besorgt. Hanne sagt, dass es keinen Grund zur Sorge gibt. Sie steht vor der Schießscharte. Als Kurt sie fragt, ob sie sich nicht auf seinen Schoß setzen will, antwortet sie, dass sie keine Lust hat. Nicht jetzt.

Es tut gut, wieder im Bunker zu sein. Wenn ich mir die Frauenbilder an den Wänden wegdenke und mir vorstelle, mein Playmobil wäre hier, ist es fast so gemütlich wie vorher.

Ich gebe zu, das war nicht der weltbeste Plan. Einige Punkte waren okay, andere nicht. Trotzdem hat er mir Zutritt zum Bunker verschafft. Und Kurt und die anderen haben nicht die geringste Ahnung, dass ich sozusagen mit Terje befreundet bin.

»Es ist nicht sehr wahrscheinlich, dass er Tollwut hat«, sagt Kurt.

»Das ist eindeutig Tollwut«, sagt Roger. Er geht im Raum hin und her und wirft immer wieder nervöse Blicke zur Tür.

»Gesund sah er jedenfalls nicht aus«, sagt Kari.

»Kann ja sein, dass er krank ist. Aber Tollwut ist das nicht, wenn ihr mich fragt«, sagt Kurt.

»Wie wär's mit Maul- und Klauenseuche«, schnaubt Hanne. Sie hat die Arme vor der Brust verschränkt und ist noch schlechter gelaunt als sonst. Ich begreife wirklich nicht, wie Kurt es aushält, so viel Zeit mit jemandem zu verbringen, der so miesepetrig ist. Das muss was mit der Knutscherei zu tun haben. Aber vielleicht küsst er sie ja auch nur, weil sie so mürrisch ist. Wenn er sie küsst, kann sie wenigstens nichts sagen.

»Ich glaube auch, dass es Tollwut ist«, sage ich. »Er hatte Schaum vorm Maul und das Fell sah extrem tollwutinfiziert aus.«

Kurt macht ein ziemlich bedrücktes Gesicht. Er seufzt.

»Das ist typisch: Ausgerechnet jetzt, wo mein Leben so gut zu werden beginnt …«

VERHANDLUNGEN

Irgendwann verstummt Terjes Brüllen und das Gehämmere an der Tür. Kurt sitzt zusammengesunken im Sessel. Ab und zu rauft er sich die Haare. Vielleicht, weil er glaubt, dass er bald sterben muss.

»Und was wird jetzt aus der Fete?«, fragt Hanne.

»Deshalb sind wir schließlich hier«, sagt Kari.

»Äh … Es geht gleich los«, sagt Roger.

»Wir haben aber keine Zigaretten und kein Bier«, sagt Hanne. »Lahme Fete.«

»Ich glaube, ich gehe lieber nach Hause«, sagt Kari.

»Ich auch«, fügt Hanne hinzu.

Kurt springt aus dem Sessel hoch. Er geht zu einem Stapel Papier, der auf dem Boden liegt, nimmt ein Blatt und einen Stift und schreibt in Windeseile einen Zettel.

»Jim, kauf ein paar Bier und Zigaretten für uns!«

Er hält mir den Zettel vor die Nase, ohne mich anzusehen. Allmählich habe ich es satt. Wenn er was braucht, ist Kurt mit einem Mal wieder mein bester Freund und alles ist Friede, Freude, Eierkuchen. Aber sobald ich die Sachen besorgt habe, kann ich gehen.

Ich nehme den Zettel nicht.

»Kommt drauf an«, sage ich.
Kurt sieht mich verdutzt an.
»Auf was?«
So leise, dass nur Kurt es hört, sage ich: »Ich mache es nur, wenn ich den Bunker zurückbekomme.«
»Du kannst ihn zeitweise haben«, flüstert Kurt zurück.
»Wann?«
Er seufzt.
»Das habe ich doch schon gesagt: Wenn wir keine Fete machen.«
»Ich brauche ihn aber heute.«
»Das geht nicht! Heute wollen wir eine Fete machen!«
Ich spüre, wie sich von hinten jemand nähert.
»Gut, dann bin ich eben bei der Fete dabei!«, sage ich laut.
»Kommt gar nicht in Frage!«, sagt Hanne. Sie steht direkt hinter mir.
»Er ist so kindisch!«, sagt Kari.
Kurt beugt sich vor, um mir etwas ins Ohr zu flüstern.
»Hanne und Kari zieren sich. Du weißt schon: wegen ihrer Titten und so weiter.«
»Kann schon sein«, sage ich laut. »Aber der Bunker gehört mir, und ich will ihn zurückhaben!«
»Vergiss es!«, sagt Kurt.
»Echt!«, sagt Roger.
»Wenn das so ist«, sage ich, »dann geht doch selber einkaufen!«

FREUNDE ADE!

Die Bunkertür knallt hinter mir ins Schloss.
Jetzt nur nicht weich werden. Was ich getan habe, war ganz schön mutig. Wenn ich es recht bedenke, ist bei der Freundschaft mit Kurt und Roger in letzter Zeit herzlich wenig für mich rumgekommen. Ich durfte ständig für sie in den Laden rennen, und seit Hanne und Kari mit von der Partie sind, haben sie kaum noch was mit mir unternommen.
Terjes Kopf schiebt sich über den oberen Rand der Böschung. Er hebt die Hand und winkt mir zögernd zu.
Ich klettere zu ihm hoch.
Mausi ist bis zu den Knien im Schnee versunken und bibbert erbärmlich. Terje sieht mich an. Zwischen seinen Pausbacken deutet sich ein niedergeschlagenes Lächeln an.
Ich gehe den Pfad entlang. Mausi trippelt hinter mir her.
Nicht dass ich vorhätte, mich ernsthaft mit Terje anzufreunden. Und mein bester Freund wird er schon gleich gar nicht! Aber es wird schon nicht schaden, ab und zu mit ihm zusammen zu sein. Bis auf weiteres. Bis ich was Besseres gefunden habe. Oder mich ans Alleinsein gewöhnt habe.
»Das ist nicht so gut gelaufen«, seufzt Terje.
»Nein, ist es nicht«, sage ich.

»Nächstes Mal werde ich versuchen, mich an den Plan zu halten.«
»Nächstes Mal sollten wir vielleicht einen besseren Plan machen.«
»Der Plan war gut, aber bei mir ist was schief gelaufen. Ich hätte wütender werden und Mausi ein bisschen heftiger am Schwanz ziehen sollen.«
»Du hast deine Sache gut gemacht. Kurt und Roger haben sogar das mit der Tollwut geglaubt.«
»Wahnsinn!«, sagt Terje. »Dann hat es ja doch fast funktioniert.«

MAUSIS HEIMKEHR

Die alte Dame hat tausend Sorgenfalten dazubekommen und ist den Tränen nahe.

»Wo seid ihr bloß so lange gewesen? Wo ist Mausi?«, presst sie hervor.

Terje wartet mit Mausi hinter der nächsten Ecke, weil wir befürchten, dass die Alte in Ohnmacht fällt, wenn sie Mausi ohne Vorwarnung zu sehen bekommt.

»Die wollten wir gerade wieder abliefern«, sage ich einschmeichelnd und mit meinem breitesten Lächeln. »Aber uns ist da ein kleines Missgeschick passiert.«

»Ein Missgeschick?«

Ihr Gesicht verzieht sich zu einer erschrockenen Grimasse.

»Mit einem Schneepflug.«

»Einem Schneepflug?«

Jetzt kommt Terje aus seinem Versteck. Mausi trottet hinter ihm her. Die vereinzelten Haarbüschel sehen sehr verwelkt aus. Sie niest. Bestimmt hat sie sich erkältet. Aber sonst hat sie sich, dafür dass sie so wenig Fell hat, wacker geschlagen. Die alte Dame gerät bei Mausis Anblick völlig aus dem Häuschen. Sie jammert und klagt und bricht in Tränen aus. Braune Bäche von Schminke laufen über ihre Wangen.

Mausi hüpft auf sie zu. Die Dame geht in die Hocke und hält Mausi das Gesicht entgegen. Mausis Schwanz wird zum Propeller. Zwischen den Niesern leckt sie ihrem Frauchen über den Mund.

Die Dame nimmt Mausi auf den Arm und sieht uns durch den Tränenschleier zornig an.

»Was habt ihr nur mit meinem kleinen Schätzchen gemacht?«, sagt sie und knallt uns die Tür vor der Nase zu.

Wir schlurfen mit kraftlosen Schritten über die Straße.

»Ich finde, sie übertreibt ein wenig«, sagt Terje. »So schlimm war es nun auch wieder nicht.«

»Nein.«

»Man muss das Ganze positiv sehen«, sagt er. »Sie könnte tot sein.«

»Mh-mh.«

DAS GESCHENK

Ich stehe im Spielwarenladen vor dem Regal mit dem Playmobil. In meiner Tasche stecken 500 Kronen. Die größten Packungen stehen unten: das Cowboy-Fort und das Piratenschiff. Ich versuche zu vergessen, wo das Piratenschiff steht. Dann schließe ich die Augen und drehe mich einmal im Kreis. Nein, zweimal. Sicherheitshalber. Ich taste mich zum Regal vor, nehme eine Packung heraus und setze mich in Richtung Kasse in Bewegung. Das ist ja puppenleicht. Ich wäre sicher gut als Blinder.

Am Kassentresen angelangt, halte ich die Packung hoch.

»Würden Sie mir das bitte einpacken?«, frage ich, immer noch mit geschlossenen Augen.

»Die Kasse ist hier drüben!«, sagt eine Frauenstimme ein Stück rechts von mir. Ich drehe mich in die Richtung, aus der die Stimme kommt, und gehe langsam darauf zu. Im nächsten Augeblick stoße ich mit etwas zusammen, das laut scheppernd umkippt.

Erschrocken reiße ich die Augen auf. Ich bin gegen einen Ständer mit Pokémonfiguren gelaufen, die jetzt über den ganzen Boden verstreut liegen. Die Verkäuferin kommt aufgebracht angelaufen.

»Was machst du denn da?«, kläfft sie mich an, geht in die Hocke und sammelt die Schachteln auf.
»Ich wollte das hier kaufen«, sage ich und halte ihr die Packung entgegen.
Zu meinem großen Entsetzen entdecke ich, dass ich ein Barbieauto in der Hand halte. Ich hätte es ahnen müssen. Die Barbiesachen stehen direkt neben dem Playmobil.

DER GEFALLEN

Ich bin auf dem Weg zu Terje. Er glaubt nach wie vor, dass wir beste Freunde sind. Das muss ich ausnutzen.

Als Terje meine Stimme in der Gegensprechanlage hört, kommt er so eilig die Treppe runtergerannt, dass er gegen den Türrahmen poltert.

»Hast du einen neuen Plan?«, fragt er mit weit aufgerissenen Augen.

»Könntest du mir einen Gefallen tun?«, frage ich.

»Gehört das zum Plan?«

»Nein, es geht um was anderes.«

Terje legt die Stirn in tausend Falten.

»Worum?«, fragt er gequält und schielt zu den Fenstern im zweiten Stock hoch, ehe er sich in Bewegung setzt.

Ich folge ihm.

»Könntest du ein Weihnachtsgeschenk für mich kaufen?«, frage ich. »Für meinen Cousin.«

Terje seufzt laut.

»Mach das doch selbst. Ich bin doch nicht dein Sklave!«

»Das kann ich nicht selber machen, ich darf nämlich nicht wissen, was es ist.«

»Wieso das denn nicht?«

»Darum!«
Langsam reicht es aber. Er braucht ja wohl nicht alles zu wissen.
Terjes Misstrauen ist geweckt.
»Es muss doch einen Grund geben!«, sagt er.
»Weil dann die ganze Spannung weg ist, wenn ich es weiß!«
»Ich denke, es ist für deinen Cousin!«
Ich muss mich richtig zusammenreißen, damit ich nicht ausraste.
»Kannst du mir nicht einfach den Gefallen tun, ohne so viel zu fragen? Wir sind schließlich Freunde!«
Terje sieht mich streng an.
»Beste Freunde!«, knurrt er.

Ich warte auf einer Bank im Einkaufszentrum. Eine Kindergartengruppe hat sich um das Weihnachtsmannzelt geschart. Aber Terjes Vater ist nirgends zu sehen.
»Da!«, ruft eins der Kinder.
Torstein kommt aus der Herrentoilette gestapft. Er hat den Bart in die Stirn geschoben. Als er die Kinder sieht, zieht er ihn hastig vors Gesicht. Die Kinder laufen ihm schreiend entgegen und umzingeln ihn. Eins von ihnen zupft an seinem Bart. Völlig respektlos, die Kinder von heute.
»Ruhe!«, brüllt Torstein, dass es durch das gesamte Einkaufszentrum schallt. Die Kinder zucken zusammen und weichen erschrocken zurück, die Augen so groß wie Weihnachtsbaumkugeln. Die Kindergärtnerinnen wechseln empörte

Blicke. Torstein walzt auf das Zelt zu, wo ein Junge und ein Mädchen gerade den Inhalt des Leinensacks untersuchen. Torstein entreißt ihnen den Sack, woraufhin der Junge anfängt zu heulen.

»Jetzt stellt ihr euch erst einmal schön in einer Reihe auf, sonst kriegt keiner was!«, ruft Torstein.

Da steht Terje plötzlich vor mir.

»Und er hat sich wirklich das Piratenschiff gewünscht?«

Ich versuche zu ignorieren, dass er *Piratenschiff* gesagt hat, nicke eilig und beuge mich vor, um nicht zu verpassen, was beim Zelt passiert. Terje macht einen Schritt zur Seite und versperrt mir die Sicht.

»Dein Cousin freut sich bestimmt riesig über das Geschenk«, sagt er eingeschnappt und hält mir die Tüte mit dem großen Paket vor die Nase.

Als ich danach greifen will, zieht Terje sie weg.

»O nein!«, sagt er. »Ich kenne dich. Du machst das Paket nur auf und spielst damit.«

Das geht jetzt aber entschieden zu weit. Für wen hält Terje sich eigentlich? Er ist schließlich nicht meine Mutter.

Ich verdrehe die Augen, um ihm klar zu machen, dass er sich gerade wie der letzte Idiot aufführt.

»Hör jetzt auf mit dem Quatsch!«, sage ich genervt und schnappe mir die Tüte. Terje schnappt sie mir gleich wieder weg.

»Du kannst deinem Cousin ausrichten, dass er sein Geschenk Heiligabend abholen kann. Bei *mir*!«

Und damit dreht er mir doch tatsächlich den Rücken zu und schwankt mit ausladenden Schritten davon. Mit *meinem* Geschenk!

Terje macht einen großen Bogen um den Weihnachtsmann und das Zelt, vor dem die Kinder sich inzwischen in einer langen Reihe aufgestellt haben. Eins nach dem anderen geht eingeschüchtert zu Torstein und bekommt ein kleines Päckchen. Torstein unterbricht kurz die Bescherung, um Terje hinterherzuschauen. Aber Terje guckt in die entgegengesetzte Richtung.

WEIHNACHTSVORBEREITUNGEN

Ehe ich michs versehe, ist Mama wieder auf den Beinen und wirbelt durch die Wohnung wie ein leibhaftiger Staubsauger. Räumt hier auf, wischt dort Staub. Sobald sie eine Sache erledigt hat, streicht sie einen Punkt von der Liste an der Kühlschranktür.

»Wenn alle Punkte gestrichen sind, dann ist Weihnachten«, sagt sie lächelnd und eilt weiter zur nächsten Weihnachtsvorbereitung: das Bad putzen.

»Hier sind ja grässlich viele Haare«, tönt ihre Stimme aus dem Bad. Ich werde unruhig. Ich dachte, wir hätten Mausis Haare gründlich beseitigt.

Mama erscheint in der Tür und hält eine Strähne nasse Haare in die Luft.

»Verlierst du deinen Winterpelz?«, fragt sie lachend.

»Scheint so«, antworte ich unschuldig.

»Pass auf, dass du keine Glatze kriegst!«

Zum Mittag gibt es Eier mit Speck und zum Nachtisch Lebkuchen. Es kommt höchst selten vor, dass wir Mittag essen. Und Nachtisch gibt es mittags nie. Aber heute hat Mama gute Laune. Da ist nichts wie sonst.

»Hast du gestern das Weihnachtsgeschenk gekauft?«, fragt sie, während sie den Kopf eines Lebkuchenmannes abknabbert.

Ich nicke.

»Was wünschst du dir eigentlich zu Weihnachten?«, versuche ich abzulenken.

Mama schüttelt den Kopf.

»Ich brauche kein Weihnachtsgeschenk«, sagt sie. »Kauf lieber noch ein Extrageschenk für dich.«

Sie trinkt einen großen Schluck Milch.

»Außer du findest etwas, das meine Angst für immer verjagt«, sagt sie.

»Das ist leider ausverkauft.«

Mama sieht mich lächelnd an.

»Wahrscheinlich wird so was gar nicht mehr hergestellt.«

»Ich könnte dir doch eine Zwangseinweisung schenken?«, schlage ich vor.

Mama lacht.

»Meinst du?«, sagt sie.

»Ja. Das ist in diesem Jahr der große Renner.«

Mama steht auf und trägt die Teller zur Spüle.

»Stimmt, einige Leute sind so zufrieden, dass sie gar nicht wieder rauswollen«, sagt sie.

Mein Herz hat einen kurzen Aussetzer. Mir schießt es heiß ins Gesicht.

»Nie mehr?«

»Ja«, antwortet Mama.

Mama würde ernsthaft Probleme kriegen, wenn sie eingewiesen würde. In solchen Krankenhäusern gibt es unendlich viele Dinge, die einem Angst machen können. Bei diesen Verrückten muss man mit allem rechnen.

Sie lässt Wasser für den Abwasch einlaufen.

»Wenn das so ist«, sage ich, »wirst du wohl auf dein Weihnachtsgeschenk verzichten müssen.«

Mama dreht sich zu mir um. Es sieht aus, als hätte sie Weihnachtsglitter in den Augen. Sie lächelt.

»Ja«, sagt sie. »Das scheint mir auch das Beste.«

STROMAUSFALL

Mama arbeitet die Liste an der Kühlschranktür ab.
»Jetzt steht nur noch ein Punkt aus«, sagt sie mit matter Stimme. Sie hat heute aber auch Unglaubliches geleistet.
Ich gehe zum Kühlschrank und sehe mir die Liste an.
»*Weihnachtsbaum* steht da.«
Es durchrieselt mich eiskalt. Ich versuche, nicht an den schrecklichen Zwischenfall von neulich zu denken.
Mama holt tief Luft. Sie ist erschöpft. Andere Mütter brauchen einen ganzen Monat für das, was sie heute geschafft hat. Ich nehme ihr den Stift aus der Hand und male einen Haken vor *Weihnachtsbaum*.
»Wir haben doch einen Weihnachtsbaum«, sage ich.
Mama wischt sich den Schweiß aus der Stirn und sieht mich an.
»Bist du sicher, dass du nicht lieber einen ordentlichen Baum willst?«, fragt sie.
»Manchmal sollte man sich mit dem zufrieden geben, was man hat«, sage ich.
Mama geht in ihr Zimmer und holt den Plastikbaum. Sie hält ihn vor sich und sieht ihn an. Ihr Lächeln kriegt irgendwie Risse.

»Der ist kleiner, als ich ihn in Erinnerung hatte«, sagt sie.
»Ich finde ihn größer, als ich ihn in Erinnerung hatte«, sage ich.
Was nicht ganz stimmt. Aber manchmal muss man einfach so tun, als ob alles in Ordnung wäre.
Ich gehe schnell zu Mama, nehme ihr den Baum ab und stelle ihn auf den Küchentisch.
»Wenn er hier steht, wirkt er gleich viel größer«, sage ich.
In Mamas Augen hat sich ein trauriger Schimmer eingeschlichen. Ich glaube, sie hat Verdacht geschöpft, dass ich nur so tue als ob.
»Jetzt sehe ich erst, wie hübsch er eigentlich ist«, beeile ich mich zu sagen. »Außerdem hat das den Vorteil, dass wir nicht jedes Jahr einen neuen Baum kaufen müssen. Und wir brauchen ihn nicht einmal zu schmücken.«
Mamas Lächeln gibt seine Zögerlichkeit auf.
»Stimmt, mit ein wenig positiver Einstellung ist er gar nicht so schlimm«, sagt sie und rückt ein paar Zweige zurecht.
Das ist das Gute an einem Plastikweihnachtsbaum. Man kann sich die Zweige hinbiegen, wie man will.
Mama nimmt den Stecker und kniet sich vor die Steckdose.
»Das wird bestimmt hübsch«, sagt sie und steckt den Stecker ein.
In dem Moment wird es dunkel.
Nur ein schwacher Lichtschein dringt durch die dicken Vorhänge.
»Oje«, sagt Mama.

»Stromausfall«, sage ich.
Ich gehe zum Fenster und schiebe den Vorhang zur Seite. Die Straßenlaternen leuchten noch, und in dem Haus auf der anderen Straßenseite brennt überall Licht.
»Da ist bestimmt nur eine Sicherung rausgesprungen«, sagt Mama.
Ich gehe zum Sicherungskasten. Obendrauf liegt eine Taschenlampe. Ich leuchte ins Innere des Kastens und drehe die Hauptsicherung rein, aber es tut sich nichts.
»Oje«, sagt Mama, als ich ihr das sage.

Wir suchen alle Kerzen zusammen, die wir haben, und verteilen sie in der Küche und im Wohnzimmer. Da es nicht besonders viele sind, liegen einige Ecken im Dunkeln. Damit kann ich leben. Ab und zu ein kurzer Blick genügt, um zu sehen, dass da außer Dunkelheit nichts ist.
Die Kerzenflammen werfen flackernde Lichtstreifen auf die Wände. Das ist ganz natürlich. Außerdem glaube ich nicht an Gespenster. Gespenster brauchen einen guten Grund zum Spuken. Und den gibt es bei uns nicht.
Wir machen es uns auf dem Sofa bequem und warten, dass der Strom zurückkommt.
Aber er kommt nicht.
»Wir müssen einen Elektriker holen«, sage ich.
»Der Strom kommt bestimmt gleich wieder«, sagt Mama.
»Aber wenn nicht? Wir brauchen doch Strom zu Weihnachten!«

Mama klingt immer noch guter Dinge. »Positive Einstellung ist alles!«
Allmählich reißt mir der Geduldsfaden.
»Mit positiver Einstellung können wir aber keine Rippchen braten!«
Mama stößt Luft durch die Nase aus, was fast wie ein Seufzen klingt.
»Ich will auf keinen Fall einen fremden Elektriker in meiner Wohnung«, sagt sie streng.
Die Kerzenflammen flackern leicht. Hin und wieder knistert der Docht der dicken Würfelkerze auf dem Sofatisch. Draußen sind knirschende Schritte im Schnee zu hören. Dann ein Scharren und ein Scheppern, das allmählich lauter wird. Mamas Atem geht unregelmäßig. Ich sehe sie an. Sie lächelt, dann lacht sie nervös.
Das Knirschen verstummt und nach einer kurzen Stille setzt das Scharren wieder ein, jetzt entfernt es sich in die andere Richtung. Die Schritte werden immer leiser, bis sie kaum noch zu hören sind.
Mama schluckt.
»Ich habe keine Angst, Jim.«
»Ich auch nicht.«
»Kerzenlicht ist so gemütlich.«
»Mh-mh.«
»Der Strom kommt sicher gleich zurück«, sagt sie laut und mit übertrieben fröhlicher Stimme.
Sie stößt einen leisen Seufzer aus. Eine Kerze auf dem Tisch

verlischt. Mama zuckt zusammen und greift nach meinem Arm. Ein grauer Rauchstreifen steigt schnurgerade von dem Docht auf. Ich schaue eilig in allen dunklen Winkeln nach. Da ist es einfach nur dunkel. Das Einzige, was sich bewegt, sind die Lichtflecke auf den Wänden.

»Aber sicher kann man nie sein«, flüstert Mama. »Das Beste wird sein, du kaufst noch ein paar Kerzen.«

In den letzten Tagen habe ich den Bunker kaum vermisst. Jetzt tue ich es umso mehr.

SHOPPING

Das Einkaufszentrum schließt in wenigen Minuten. Ich laufe, so schnell ich kann. Der Schnee fällt in dicken Flocken. Ich gerate richtig in Weihnachtsstimmung.

No! Wann sehe ich es endlich ein. Nur noch ein Tag bis Weihnachten und Weihnachten steht gewaltig auf der Kippe. Da nützt es wenig, dass Mama alle Punkte auf ihrer Liste abgearbeitet hat.

Man kann, wenn nötig, auf vieles verzichten. Ich kann beispielsweise wunderbar auf einen richtigen Weihnachtsbaum verzichten. Das ist okay. Damit kann ich leben.

Aber Strom muss ich haben. Alles, was zu Weihnachten gehört, braucht Strom. Ohne Strom kein Weihnachtsessen. Kein Weihnachts-Disney im Fernsehen. Und die Weihnachtslimo im Kühlschrank wird warm, während es in der Wohnung eiskalt ist!

Unter diesen Bedingungen vergeht mir jede Lust auf Weihnachten. Da verzichte ich lieber.

Der Schnee fällt unendlich heimelig. Irgendwelche Idioten haben den Eingang des Einkaufszentrums mit brennenden Fackeln und blinkenden Weihnachtslichtern geschmückt. Es

gibt kein Entrinnen. Sie drängen es einem förmlich auf und verschwenden keinen Gedanken daran, dass nicht alle Menschen sich auf dieses verdammte Weihnachtsfest freuen.
Vor der Eingangstür, die ständig auf- und zugleitet, verkauft der Weihnachtsbaumhändler einen seiner letzten Bäume an einen Vater mit zwei kleinen Kindern. Der Vater trägt einen Anzug und sieht aus wie Supermann, wenn er gerade nicht Supermann ist. Er wuchtet den Baum in die Skibox auf seinem Autodach. Der Junge und das Mädchen rennen durch die Eingangstür auf direktem Weg zu Torstein, der gequält in seinem engen Weihnachtsmannkostüm auf einem Campingstuhl sitzt. Er ist tief in dem Stuhl versunken, der Sack mit den Geschenken liegt auf seinem Schoß. Das Mädchen geht zu ihm und macht einen Knicks, während der Junge sich im Hintergrund hält. Torstein nickt und grinst breiter als der Moderator vom Kinderkanal. Seine dicken Wangen glänzen wie rote Äpfel. Er überreicht dem Mädchen ein Päckchen, worauf sie wieder knickst, und winkt den Jungen zu sich. Der Junge geht zu Torstein und bekommt auch ein Geschenk. Alle sind zufrieden und glücklich und am glücklichsten von allen kann Terje sein, der einen Weihnachtsmann zum Vater hat.
Plötzlich kommt mir eine Idee.
Vor dem Einkaufszentrum steht eine Telefonzelle. Ich gehe hinein und schlage die Gelben Seiten auf. Es muss doch auch Elektrikerinnen geben. Die Gleichberechtigung ist doch ziemlich weit fortgeschritten in unserm Land.

Ich rufe alle Elektriker an, die es in der Stadt gibt. Die meisten haben geschlossen. Kein Wunder, es ist abends und kurz vor Weihnachten.

Einer gibt auf seinem Anrufbeantworter eine Notrufnummer für den Krisenfall an. Also genau das, was bei uns vorliegt.

Leider antwortet nur ein Mann.

»Arbeiten bei Ihnen keine Frauen?«, frage ich.

»Doch, im Büro«, antwortet der Mann.

»Was halten Sie von Gleichberechtigung?«, frage ich.

Der Elektriker stöhnt genervt.

»Brauchst du jetzt einen Elektriker oder nicht?«

Ich finde keine einzige Elektrikerin. Wo ist die Gleichberechtigung, wenn man sie wirklich braucht?

Als ich den Hörer aufknalle, klopft es an die Scheibe. Ich zucke zusammen. Terje steht draußen im Schnee und winkt wie ein Irrer. Er grinst wie ein Lebkuchenmann.

Der Kerl ist Spezialist, genau dann aufzutauchen, wenn man ihn am wenigsten gebrauchen kann.

Ich schiebe die Tür auf und gehe einfach an ihm vorbei.

»Hi!«, ruft er begeistert. »Was machst du denn hier?«

»Nichts!«

Ich steuere mit energischen Schritten auf das Einkaufszentrum zu und werde Zeuge eines Dramas: Eine Frau im Pelzmantel kauft den allerletzten Weihnachtsbaum!

Die Schneeflocken bohren sich wie Eispfeile in meine Haut und mein Herz gefriert zu Eis.

Ich bleibe stehen.
Terje stellt sich neben mich.
»Das war der letzte Weihnachtsbaum!«, sagt er. Nein, er singt es. Er ist so unerträglich gut gelaunt, dass ich ihm am liebsten eine scheuern würde. Wenn er nur etwas kleiner wäre.
»Wie gut, dass wir einen Weihnachtsbaum haben«, singt Terje. »Einen riesigen. Mindestens drei Meter groß. Und ihr?«
Ich verweigere die Antwort. Terje schlägt mir auf die Schulter.
»Wie groß ist euer Weihnachtsbaum?«
Ich platze fast vor Wut.
»Wir haben keinen Weihnachtsbaum!«
»Ihr habt keinen Weihnachtsbaum?«
Terje ist schockiert.
Ich setze mich wieder in Bewegung.
»Weihnachtsbäume sind blöd!«, sage ich.
Terje stapft hinter mir her. Seine Jacke macht Schmatzgeräusche.
»Jeder hat einen Weihnachtsbaum!«, sagt er.
»Weihnachtsbäume sind eine dämliche heidnische Tradition und haben nichts mit dem christlichen Weihnachtsfest zu tun!«
»Wir feiern auch kein christliches Weihnachtsfest und haben trotzdem einen Weihnachtsbaum!«
In diesem Augenblick überkommt mich eine Mordslust, ihm direkt in sein dickes Gesicht zu sagen, wie dämlich er

ist. Aber als ich mich zu ihm umdrehe, wird mir plötzlich klar, dass er eigentlich ein armes Würstchen ist. Es ist wohl besser, wenn ich meine Meinung für mich behalte.

»Es ist unnatürlich, sich einen Baum ins Wohnzimmer zu stellen!«, sage ich.

Terje guckt traurig wie ein Bernhardiner.

»Und was soll man dann mit all dem Weihnachtsbaumschmuck machen?«

»Wegwerfen!«

Ich drehe mich um und gehe weiter. Unter meinen Füßen wirbelt der Schnee auf. Hinter mir höre ich das Walross Terje schnaufen.

»Aber wo soll man dann die Weihnachtsgeschenke hinlegen?«, fragt er.

»Und eine Sauerei mit den Tannennadeln hat man außerdem«, sage ich.

»Ohne Weihnachtsbaum ist aber nicht richtig Weihnachten«, beharrt Terje. Ich bleibe stehen und drehe mich zu ihm um. Ich kann mich nicht mehr beherrschen, muss einfach laut stöhnen. Und verächtlich lachen. Um zu unterstreichen, wie bekloppt ich ihn finde.

Terje sieht mich entsetzt an.

»Was glaubst du wohl, wie in Afrika Weihnachten gefeiert wird?«, frage ich ihn.

»Die …«

Terje denkt so angestrengt nach, dass sich sein Gesicht verzieht.

»Die haben bestimmt Plastikweihnachtsbäume«, sagt er schließlich mit dünner Stimme.
»Haben sie nicht!«
Terjes Gesicht verhärtet sich.
»Haben sie wohl, dass du es nur weißt!«, poltert er los.
Ich schüttele den Kopf und gehe auf die Eingangstür zu. Aber die Tür rührt sich nicht. Ich trete einen Schritt zurück und fuchtele mit der Hand vor dem Bewegungsmelder herum, damit sie aufgeht. Aber die Tür regt sich keinen Millimeter.
Da geht drinnen das Licht aus. Auf einen Schlag ist es bis auf den Weihnachtsschmuck und die Girlandenbeleuchtung dunkel. Das Weihnachtsmannzelt steht einsam und verlassen da. Ganz weit weg, am hinteren Ende des Korridors, sehe ich einen Wachmann.
»Geschlossen«, sagt Terje. »Sie schließen um acht.«
Mein Skelett faltet sich rasselnd zusammen. Herz, Lunge und alles Übrige zerfällt zu einem Aschehäufchen. Und ich habe geglaubt, schlimmer könnte es nicht kommen.
Ich trete mit dem Fuß gegen die Tür, dass der Laden in seinen Grundfesten bebt.
Der Himmel ist eisgrau. Die Schneeflocken fallen unablässig und sehen aus wie Salzkörner.
Eine täppische Gestalt stapft durch den Schnee auf uns zu. Der Typ bleibt in einiger Entfernung stehen und sieht zu uns rüber. Das ist Torstein. Der Bart und die Weihnachtsmannmütze hängen über seinem Arm.

»Terje«, ruft er. »Ich gehe jetzt nach Hause!«
Terje schaut kurz zu seinem Vater.
»Idiot!«, schnaubt er.
Ich bin immer überzeugter, dass Terje einen Hirnschaden hat.
»Dann holt man sich eben einen aus dem Wald!«, sagt er.
Ich verstehe nicht ganz.
»Hä?«
»Einen Baum, was sonst!«
»Terje!«, ruft Torstein.
»Peinlich!«, stöhnt Terje und verzieht das Gesicht zu einer Fratze.
»Das ist doch dein Vater«, sage ich.
Terje verdreht die Augen und legt die Stirn in Falten.
»Danke für die Information, das weiß ich auch!«
Und dann geht er. Zu seinem Vater. Ich sehe den beiden hinterher, wie sie wie Walrosse nebeneinander durch den Schnee wackeln, bis sie in dem Weiß verschwunden sind.

MAMA LÄCHELT

Allmählich wird es so kalt in der Wohnung, dass ich meine Jacke anziehen muss. Mama hat sich komplett angezogen unter ihre Bettdecke verkrümelt. Ich verteile die Kerzen in ihrem Zimmer, damit es schön hell und gemütlich ist. Mama lächelt mich jedes Mal an, wenn ich sie angucke. Das ist verdächtig. Mama lächelt sonst nicht zu jeder Zeit und Unzeit.

»Waren die Kerzen tatsächlich ausverkauft?«, fragt sie lächelnd.

»Mh-mh«, antworte ich. »Es ist Weihnachten.«

»Ja«, seufzt Mama. »Das ist wohl wahr.«

Ich decke sie mit einer zusätzlichen Wolldecke zu.

Ich muss es ihr sagen. »Wir brauchen einen Elektriker.«

Mama schüttelt, immer noch lächelnd, den Kopf.

»In unsere Wohnung kommt mir kein Elektriker«, sagt sie.

Hinter der fröhlichen Stimme lauert ein trauriger Unterton.

»Morgen ist Heiligabend. Wir brauchen Strom zu Weihnachten.«

»Der kommt schon wieder. Nun denk mal ein bisschen positiv!«

Und dann lächelt sie. Verdächtig breit.

IM WALD

Die Skier versinken tief im Schnee. Jeder Schritt ist eine Qual. Und sobald es bergab geht, sind massenweise Zweige und kleine Büsche im Weg. Es ist unheimlich dunkel. Besonders zwischen den hohen Tannen.

Ich versuche, nicht daran zu denken, was nicht ganz einfach ist, denn die Dunkelheit ist über und unter mir und um mich herum.

Meine Hose und meine Jacke rascheln laut. Bei dem Lärm könnte sich jeder problemlos an mich heranschleichen. Alles Mögliche. Ein gefährliches Tier. Oder der Förster. Mit Flinte und Nachtsichtgerät. Die schießen ohne Vorwarnung und nehmen ihre Beute wortlos mit nach Hause.

Ich richte den Lichtstrahl der Taschenlampe zwischen die Bäume. Es ist totenstill. Kein Zweig rührt sich. Aber man kann ja nie wissen.

Ich atme tief durch, lange, ruhige Atemzüge. Das soll helfen. Da beruhigt sich das Herz und man wird wieder normal.

Irgendwo im Wald ist ein Knacken zu hören. Erschrocken richte ich den Lichtstrahl dahin, wo das Geräusch herkommt.

Und da sehe ich ihn.
Sein Stamm steckt tief im Schnee und auf den Ästen liegen kleine Schneehauben. Die Zweige sind gleichmäßig verteilt und zeigen schräg nach unten.
Das ist der schönste Weihnachtsbaum im ganzen Wald.

Aus der Nähe ist der Baum größer, als es aus der Entfernung aussah.
Ich ziehe die Säge aus dem Rucksack und fege den Schnee von den Wurzeln. Dann beginne ich zu sägen.
Das dauert seine Zeit.
Der Stamm ist dick und extrem widerspenstig. Doch die Säge frisst sich langsam, aber sicher durchs Holz. Am Schluss brauche ich den Baum nur noch elegant umzukippen.
Das Gute ist, dass ich bei der Arbeit völlig vergessen habe, wie unheimlich dunkel es ist.

Ich ziehe den Baum hinter mir her durch den Schnee. Es geht nur langsam voran, obwohl ich in der Spur gehe, die ich auf dem Hinweg gemacht habe. Der Baum versinkt ständig oder verhakt sich, und einmal rutscht er mir aus der Hand, sodass ich kopfüber in den Schnee purzele. Dabei verkeilt sich ein Ski in einer Schneewehe.
Ich gebe mir wirklich Mühe, meine positive Einstellung zu bewahren. Was nicht ganz einfach ist, wenn man mit dem Gesicht im eiskalten Schnee liegt und den Fuß nicht bewegen kann.

Nach einigem Gerangel kann ich meinen Fuß endlich befreien. Ich beschließe, den Baum in der Mitte durchzusägen. Dann wird es doppelt so leicht, ihn nach Hause zu transportieren. Ich nehme den Rucksack ab, um die Säge herauszunehmen.
Da bemerke ich aus dem Augenwinkel eine Bewegung zwischen den Bäumen. Ich erstarre zu einem Eiszapfen. Ich höre ein Rascheln. Dann ein Knacken. Jemand atmet. Abgehackt und schnell.
Kurz vor mir bricht ein riesiges, linkisches Wesen aus dem Unterholz. Das Wesen schleppt etwas hinter sich her. Ich gehe in die Hocke. Das Wesen bleibt stehen, um zu verschnaufen. Sein Atem pfeift und fiepst und vor seinem Gesicht steht eine Frostwolke. Jetzt erkenne ich, was er schleppt: eine kleine Tanne. Er sieht sich um und zeigt mir seine runde, knubbelige Fratze mit den weit aufgerissenen, scheißängstlichen Augen.
Das ist Terje.
Er zuckt zusammen.
»Was machst du denn hier?«, flüstert er erschrocken.
Ich weiß nicht so recht, was ich antworten soll.
Da entdeckt Terje meinen Baum im Schnee. Er sieht sich nach allen Seiten um.
»Komm!«, flüstert er und winkt mich zu sich.
Ich packe den Baum und schiebe mich durch den Schnee. Ich komme nicht sehr schnell voran. Von vorn drückt der Schnee und hinten sträubt sich der Baum. Mir läuft der

Schweiß runter und mein Atem pfeift. Ich brauche eine Ewigkeit für das kleine Stück bis zu Terje.
Terje stöhnt genervt. Dann reißt er mir den Baum aus der Hand.
»Ich nehme den hier und du nimmst meinen!«, sagt er und schwingt sich den Baum über die Schulter. Dann dreht er mir den Rücken zu und walzt vorwärts. Die Baumspitze schleift direkt vor mir über den Boden und pflügt einen schmalen Pfad in den Schnee. Ich folge ihm mit dem kleinen Baum im Schlepptau.

EINE MÖGLICHE LÖSUNG

Wir gehen zu mir nach Hause.
Terjes Kopf ist knallrot und der Schweiß läuft ihm in Strömen übers Gesicht. Ich bin kaum außer Puste. Es hat die Sache ziemlich erleichtert, hinter Terje zu gehen. Aber ich hätte es garantiert auch allein geschafft. Es hätte nur ein wenig länger gedauert.
Terje lehnt den Baum gegen die Hauswand, wobei die Nadelzweige mit einem scheußlichen Scharren über den Putz schaben.
»Pssst!«, flüstere ich. Man weiß nie, was Mama in so ein Geräusch hineininterpretiert.
Terje sieht mich gereizt an.
»Das soll eine Überraschung sein!«, erkläre ich ihm. »Mama darf nichts davon wissen!«
Ein Zucken huscht über sein grimmiges Gesicht. Man kann regelrecht sehen, wie die Gedanken von innen gegen seine Stirn klopfen. Dann werden seine Gesichtszüge mit einem Mal weich. Er nickt verständnisvoll, während er zu unseren Fenstern rüberschielt.
»Bei euch ist es aber dunkel«, sagt er.
»Der Strom ist ausgefallen«, erkläre ich.

»Bis Weihnachten habt ihr doch wieder welchen, oder?«, fragt Terje. Er hört sich fast ein bisschen besorgt an.
»Weiß nicht«, sage ich seufzend.
»Ihr müsst doch Strom haben!«, sagt Terje energisch. »Sonst kannst du doch gar nicht fernsehen! Und ihr habt keine Lichter am Weihnachtsbaum! Überhaupt kein Licht!«
Im ersten Moment werde ich wütend.
Im nächsten glücklich.
Mir geht sozusagen ein Licht auf.
Terjes Vater kann das mit dem Strom sicher regeln!
Er ist ein Mann. Neun von zehn Männern kennen sich gut mit diesem ganzen elektrischen Kram aus, ziemlich viele arbeiten sogar als Elektriker. Außerdem habe ich ihn mit eigenen Augen eine Lampe reparieren sehen!
»Dein Vater ist nicht zufällig Elektriker?«
»Nein«, antwortet Terje.
»Aber er kennt sich mit Elektrik aus?«
»O ja! Einmal ist ihm der Fernseher runtergefallen und er hat es geschafft, ihn wieder zu reparieren.«
»Glaubst du, er könnte unseren Strom reparieren?«
»Ja, klar!«
Ich kann mich nicht beherrschen. Mein Gesicht wird zu einem einzigen, breiten Grinsen. Alles wird wieder gut. Weihnachten kann kommen!
»Könntest du ihn überreden herzukommen?«, frage ich.
Terjes Gesicht versteinert sich. Seine Augen werden finster. Er schüttelt energisch den Kopf.

»Nein, vergiss es. So gut ist er auch wieder nicht.«
Eine Zornwelle schwappt durch meine Adern.
»Du hast gesagt, er kennt sich mit Elektrik aus!«, sage ich.
»Ich hab mich vertan!«, sagt Terje. Er schnappt sich den kleinen Baum und macht einen Schritt in Richtung Straße. Ein fieses Gefühl macht sich in mir breit.
»Er könnte es doch wenigstens versuchen«, sage ich mit meiner einschmeichelndsten Stimme.
»Nein, das ist keine gute Idee.«
»Aber dann haben wir Weihnachten keinen Strom, stell dir das mal vor!«
Terje senkt den Blick.
»Das wäre ziemlich schrecklich …«, murmelt er.
Ich stelle mich ihm in den Weg.
»Er ist der Einzige, der uns helfen kann.«
Terje schüttelt den Kopf und dreht sich zur Seite.
»Er macht garantiert alles noch viel schlimmer …«
»Bitte! Er kann es doch wenigstens versuchen!«
Terje schüttelt den Kopf, aber schon nicht mehr so energisch wie vorher.
»Ich dachte, wir sind beste Freunde!«, sage ich.
Terje sieht mich zögernd an. Seine Augen glänzen traurig. Er wendet das Gesicht ab.
»Okay«, nuschelt er. »Morgen«, fügt er leise hinzu.
»Nein, heute Nacht!«, sage ich.
»Das geht nicht.«
»Es soll eine Überraschung sein. Für Mama.«

Terje schaut zum Schlafzimmerfenster.
»Sie darf nichts mitbekommen«, sage ich.
Terje sieht mich an und seufzt.
»Mal sehen«, sagt er, hievt sich den Baum auf die Schulter und setzt sich langsam in Bewegung.
»Nach elf Uhr!«, flüstere ich hinter ihm her.
Terje trottet weiter, ohne sich umzudrehen.

LOBOTOMIE

Ich versuche den Weihnachtsbaum unbemerkt in die Wohnung zu bringen, aber die Äste schlurfen mit einem unheimlichen Scharrlaut über den Boden.

»Was ist da los?«, ruft Mama aus ihrem Zimmer. Ihre Stimme zittert.

»Ich bin's nur!«

Ich lehne den Baum gegen das Bücherregal.

»Hast du auch die Sicherheitskette vorgelegt?«

»Ja«, sage ich.

Wie ein Blitz flitze ich zur Tür und lege die Sicherheitskette vor.

Mama lächelt, aber sie sieht blass aus. Sie hat eine Frostwolke vor dem Mund.

»Vielleicht sollten wir doch eine Lobotomie machen?«, murmelt sie und schließt die Augen. Ihre Augenlider sind ganz faltig.

»Vorbeugend?«, frage ich.

Sie nickt. Ihr Lächeln verwelkt. Kein Wunder. Sie hat an diesem Abend extrem viel gelächelt.

»Der Operationssaal ist über die Feiertage leider geschlos-

sen«, sage ich mit Arztstimme. »Aber ich könnte Ihnen etwas Beruhigendes verschreiben.«
Ich hole die Medizin und ein Glas Wasser aus dem Bad. Zusätzlich zu ihrer Angstmedizin und den Vitamintabletten bringe ich noch das Glas mit den Schlaftabletten mit.
Ich gebe mir Mühe, ganz alltäglich zu klingen.
»Vielleicht solltest du eine Schlaftablette nehmen«, sage ich und drücke ihr das Pillenglas in die Hand. Mama sieht das Glas an und seufzt.
»Ich sollte nicht so viele Tabletten schlucken«, murmelt sie.
»Da hast du Recht«, sage ich. »Sonst riskierst du noch, gesund zu werden.«
Mama ringt sich ein leises Lachen ab.
»Das wäre ja ganz furchtbar«, sagt sie.
»Vielleicht probierst du es heute mal nur mit den Schlaftabletten?«, schlage ich vor.
Mama starrt lange auf das Glas.
»Mischen ist nicht gut«, sage ich.
Mama nickt. Dann schraubt sie den Deckel auf und schüttelt ein paar Tabletten heraus.
»Dann nehme ich aber zwei«, sagt sie. Ich reiche ihr das Glas mit Wasser und sie spült sie herunter.
Ich nehme eine Vitamintablette aus meinem Glas.
»Ich denke, ich komme heute mit einer aus«, sage ich.

BESUCH

Beim Weihnachtsbaumschmücken höre ich draußen ein Rumpeln. Dann klackert etwas ans Fenster. Typisch Terje. Wenn er versucht, leise zu sein, macht er nur noch mehr Lärm als gewöhnlich.

Ich husche ans Fenster, reiße die Gardine mit einem Ruck zur Seite – und starre direkt in Rogers Visage.

Ich zucke zusammen.

Roger glotzt mich höhnisch an. In der Hand hält er einen Nagel, mit dem er über die Scheibe kratzt, sodass ein ekliges Quietschen entsteht.

Er hockt auf der Mülltonne. Neben ihm steht Kurt mit vor der Brust verschränkten Armen.

Ich öffne das Fenster einen Spaltbreit. Jetzt bloß keinen Krach machen, damit Mama nicht aufwacht.

Kurt stellt sich unter das Fenster.

»Heute Abend haben wir den Pitbull gesehen«, sagt er.

»Verdammt, das war gar kein Pitbull!«, schnauft Roger.

»Er stand im Garten einer alten Frau«, sagt Kurt.

»Und Tollwut hatte er auch nicht!«, sagt Roger, zieht einen großen Schleimklumpen durch die Nase und spuckt ihn in den Schnee.

Ich gebe mir alle Mühe, überrascht zu klingen. »Na so was …«
Kurt sieht mich mit blitzenden Augen an. Ich glaube, er hat Verdacht geschöpft.
»Wir wollen es dem Typ zeigen!«, sagt Roger.
»Und wir dachten, du hättest vielleicht Lust, uns zu helfen«, sagt Kurt.
Roger verzieht die Oberlippe zu einer widerlichen Grimasse.
»Falls du und der so genannte Pitbull-Terje nicht zu dicke Freunde seid …«
Jetzt muss ich mir ganz schnell eine gute Ausrede einfallen lassen.
Ich denke angestrengt nach.
Mir fällt nichts ein.
»Das passt jetzt grade ein bisschen schlecht«, sage ich. Ärgerlicherweise klingt meine Stimme kläglicher als geplant.
Kurt wirft einen Blick zu Mamas Schlafzimmerfenster. Ein hinterhältiges Grinsen breitet sich auf seinem Gesicht aus. Mich überläuft es kalt. Wenn er jetzt bloß keinen Mist macht.
Kurt sieht mich scharf an.
»Was ist mit morgen, passt dir das besser?«
»Schon möglich …«
»Hör mal«, sagt Kurt ungeduldig. »Du brauchst nur dafür zu sorgen, dass er zum Bunker kommt. Den Rest erledigen wir. Wenn du das tust, kannst du den verfluchten Bunker wiederhaben.«

Roger sieht Kurt fragend an. Aber Kurt hat nur Augen für mich.
»Ich werde darüber nachdenken«, sage ich.
Ich ziehe die Gardine vor, ohne mich zu verabschieden. Wenn ich es mir recht überlege, komme ich sehr gut ohne den Bunker aus.

NACHT

Der Weihnachtsbaum ist geschmückt. Nur die Lichter brennen noch nicht. Und außerdem steht er etwas schief. Die Decke ist nämlich ein bisschen zu niedrig für den hohen Baum. Ich habe ihn an das Buchregal gelehnt.

Die Kerzenflammen flackern leicht. Es sieht so aus, als ob sich in der Dunkelheit etwas bewegt. Dabei flackert nur das Licht. Das ist ganz natürlich. Es ist unmöglich, dass eine Flamme sich nicht irgendwie bewegt.

Ich finde die schwarzen Winkel und Ecken nicht mehr so unheimlich wie am Anfang. Sie sind eigentlich gar nicht richtig schwarz, eher grau, wenn man es genau nimmt. Meine Augen haben sich inzwischen an die Dunkelheit gewöhnt. Ich würde sofort sehen, wenn da was Verdächtiges wäre. Und da ist nichts. Alles ist in bester Ordnung.

Aus dem Schlafzimmer ist Mamas säuselnder Schlafatem zu hören. Das klingt wie leise Meeresbrandung. Ab und zu geht ein Zittern durch ihren Atem wie ein plötzlicher Windstoß. Aber er beruhigt sich schnell wieder und säuselt weiter.

Obgleich ich meine Winterjacke übergezogen und meine Wollmütze aufgesetzt habe, friere ich. Durch das Zimmer zieht ein eisiger Lufthauch.

Ich habe mir überlegt, was ich Kurt und Roger morgen sagen werde. Ich werde ihnen sagen, dass ich das mit Terje für keine schlaue Idee halte.

Weil ich nämlich gegen Gewalt bin, werde ich sagen. Andere Leute zu verprügeln ist primitiv und kindisch. Dann werde ich noch einfließen lassen, ich hätte gehört, dass Terje den schwarzen Gürtel im Sumoringen hat und dass der Sumoverband kein Verbot erlassen hat, die Sumokünste auch außerhalb des Ringes anzuwenden. Oder so was in der Art. Damit sie kapieren, dass sie sich besser nicht mit ihm anlegen.

Terje ist vielleicht nicht der tollste Typ der Welt. Er hat mir schon ein paarmal übel mitgespielt. Kaum einer an der ganzen Schule ist so unbeliebt wie er. Aber es könnte schlimmer sein. Viel schlimmer. Ich hätte zum Beispiel an jemanden geraten können, der genauso unbeliebt und obendrein noch klein und mickrig ist.

Nicht dass ich vorhätte, auf Dauer mit ihm befreundet zu sein. Aber wenn sein Vater das mit dem Strom geregelt kriegt, muss ich ein bisschen nett zu Terje sein. Wenigstens ein paar Tage. Auf alle Fälle bis Heiligabend. Er hat schließlich mein Geschenk. Bis nach den Feiertagen werde ich es schon aushalten. Als Dank für seine Hilfe. Aber bis Silvester muss ich das Ganze geklärt haben.

Übrigens: Wenn er sich gut benimmt, könnte ich es auch noch bis nach Silvester ausdehnen. Hauptsache, die Sache ist erledigt, wenn die Schule wieder anfängt.

Ich gucke auf die Uhr. Kurz nach zwölf. Terje sollte längst hier sein.
Er kommt sicher bald. Immerhin glaubt er trotz allem, dass wir beste Freunde sind.

DIE REPARATUR

Ich werde von einem heillosen Gepolter und einer wütend flüsternden Männerstimme vor dem Fenster geweckt. Ich stehe vom Sofa auf und werfe einen vorsichtigen Blick durch den Gardinenspalt. Terjes Vater liegt rücklings im Schnee und rudert mit Armen und Beinen. In kompletter Weihnachtsmannmontur. Neben ihm liegt die umgestürzte Mülltonne.

Torstein stöhnt und Terje versucht verzweifelt, ihn zum Schweigen zu bringen. Ein extrem lauter Versuch. Wenn man es genau nimmt, sogar lauter als der Lärm, den sein Vater macht.

»Man wird ja wohl noch *Au* sagen dürfen, wenn man sich wehgetan hat!«, stöhnt Torstein.

Ich husche zu Mamas Zimmertür. Ihr Atem klingt glücklicherweise so, wie er klingen soll. Leise ziehe ich die Tür zu und beeile mich, die Haustür aufzuschließen.

»Seid doch leise!«, flüstere ich. »Mama schläft!«

Terje reicht seinem Vater die Hand. Torstein greift danach, rutscht aber aus und landet mit einem »Uff« auf dem Hintern.

Terje kommt auf mich zugewatschelt.

»Ich glaube, wir gehen besser wieder«, sagt er. Von seiner Stirn perlt der Schweiß.

»Papa kommt gerade von der Weihnachtsfeier mit seinen Kollegen ...«, sagt Terje und tippt sich mit dem Zeigefinger gegen die Schläfe, während sein Vater sich mühsam aufrappelt und auf uns zuschwankt.

»Gibt es hier Probleme mit der Elekter-issität?«, lallt er.

»Ja«, flüstere ich. »Aber Sie müssen leise sein, Mama schläft!« Ich sehe ihn sehr streng an, damit er den Ernst der Lage begreift. Es ist alles andere als leicht, seinen Blick einzufangen, der sozusagen in seinen Augen herumschwappt. Aber ich glaube, er hat mich trotzdem verstanden. Jedenfalls nickt er so heftig, dass der Weihnachtsmannbart auf und ab hüpft. Dann legt er den Finger vor den Mund und mimt ein *Pssst.* Mit Riesenschritten schleicht er im Zeitlupentempo die Treppe hinauf. Terje blinzelt mich erschrocken an und fasst seinen Vater am Arm. Aber Torstein schubst ihn beiseite und schleicht weiter.

Als Torstein die Türschwelle zu unserer Wohnung überschritten hat, hebe ich die Hand und nötige ihn anzuhalten. Ich knie mich vor ihn auf den Boden und knote seine Schnürsenkel auf. Terje kniet sich neben mich und hält die Schuhe fest, sodass Torstein einfach nur aus ihnen herauszuschlüpfen braucht. Das geht richtig gut. Er schleicht auf Socken ins Wohnzimmer, so leise, dass Mama es nicht mal gehört hätte, wenn sie hellwach gewesen wäre.

Kurz bevor er das Sofa erreicht, passiert das Unglück. Er

stolpert über seine eigenen Füße, und der massige Weihnachtsmannkörper kippt zur Seite. In allerletzter Sekunde kann er einen Fuß nach vorn setzen, wodurch sich allerdings nur die Fallrichtung ändert. Er landet mit dem Gesicht in der Sofapolsterung.

Terje und ich atmen erleichtert auf.

»Das war knapp!«, murmelt Terje.

Torstein bedenkt Terje mit einem strengen Blick und legt den Finger vor die Lippen, ohne einen Laut von sich zu geben.

»Da kriegt man ja einen gewaltigen Durst«, flüstert er und lässt sich auf das Sofa plumpsen. »Hast du was zu trinken für mich?«

Ich gehe in die Küche, um nachzusehen, ob ich was finde. Terje kommt hinterher.

»Gib ihm Wasser!«, sagt er.

Torstein blickt enttäuscht auf das Glas Wasser, das ich vor ihm auf den Tisch stelle.

»Ich hatte eigentlich an etwas Stärkeres gedacht«, brummt er.

»Sie haben nichts Stärkeres«, sagt Terje eilig. »Jims Mutter trinkt nämlich nicht.«

Torstein sieht seinen Sohn empört an.

»Da kann man nichts machen«, grunzt er und nippt an dem Glas, bevor er es leise auf den Tisch zurückstellt.

»Euer Strom hat sich also verabschiedet?«

Ich nicke.

»Wo hast du ihn zuletzt gesehen?«
Er grinst sich in den dicken Bart.
Ich zeige auf die Steckdose. Terjes Vater nickt ruhig.
»Wäre doch gelacht, wenn wir ihn nicht erwischen …«
Terjes Vater schiebt die Ärmel des Weihnachtsmannkostüms hoch und nimmt den Bart ab. Terje steht Wache vor Mamas Tür. Sobald er ein verdächtiges Geräusch hört, soll er uns augenblicklich Bescheid geben.
Ich leuchte Terjes Vater mit der Taschenlampe, während er die Steckdose aufschraubt. Er atmet schwer, als ob er weit gelaufen wäre. Seine Hände zittern. Er knipst ein Stück von einem Draht ab, schmeißt das Hülsenstück auf den Boden und zwirbelt zwei Drahtenden zusammen.
»Da ist was durchgebrannt«, flüstert er.
Er schraubt die Verkleidung wieder an.
»Jetzt müssen wir nur noch die Sicherung reindrehen«, sagt er.
Der Sicherungskasten befindet sich direkt vor Mamas Zimmertür. Torstein schleicht mit übertriebenen Gebärden auf den Flur. Er scheint zu glauben, dass das hier nur ein Spaß ist. Wenn er wüsste. Mama würde komplett durchdrehen, wenn sie ihn so sähe.
Ich überhole ihn, öffne vorsorglich die Tür des Sicherungskastens und leuchte mit meiner Lampe hinein. Torstein legt seinen dicken Zeigefinger auf einen der Kippschalter und sieht mich stolz grinsend an, während Terje ihm mit weit aufgerissenen Augen über die Schulter guckt.

Torstein legt den Schalter um und das Licht geht nicht an. Sein Grinsen verzieht sich zu einem Flunsch. Er stöhnt laut. Mein Zwerchfell zieht sich zusammen.
»Pssst!«, flüstere ich mit einem Nicken zu Mamas Schlafzimmertür. Torstein schiebt noch einen Seufzer hinterher.
»Darf ich jetzt auch nicht mehr atmen, oder was?«, knurrt er. Er schnappt sich den Schraubenzieher und beginnt, im Sicherungskasten herumzuschrauben. Seine Pranken zittern so heftig, dass ihm immer wieder der Schraubenzieher aus der Hand fällt. Ab und zu stöhnt er leise und sein Gesicht verzieht sich zu den merkwürdigsten Grimassen.
Nacheinander löst Torstein alle Schrauben und hebt die Abdeckplatte ab. Dahinter kommt ein Wirrwarr aus roten und schwarzen Drähten zum Vorschein.
»Da bist du ja!«, flüstert er zufrieden und nimmt ein rotes Stück Draht zwischen die Finger, das am Ende angekokelt ist.
Torstein repariert den Schaden, schraubt die Abdeckplatte wieder an, und wischt sich den Schweiß aus der Stirn.
»Jetzt kannst du die Weihnachtsbaumbeleuchtung einstöpseln«, flüstert er und schlägt mir auf die Schulter.
Ich gehe zum Baum, nehme den Stecker und beuge mich zu der Steckdose runter. Ich sehe Torstein fragend an. Er nickt ungeduldig. Ich hole tief Luft. Jetzt wird es spannend. Langsam schiebe ich den Stecker in die Dose. Torstein legt den Hauptschalter um, und im gleichen Augenblick kommt Leben in die Lichter am Weihnachtsbaum.

Ich fühle mich, als hätte ich eine Million im Lotto gewonnen.
Die Lampen strömen ein sanftes Licht aus und der Weihnachtsbaum glitzert. Jetzt kann Weihnachten kommen. Volle Kanone.
Terjes Vater strahlt selber wie ein Weihnachtsbaum. Und Terje grinst mindestens genauso breit. Die Lichter vom Weihnachtsbaum spiegeln sich in ihren Augen. Mir fällt zum ersten Mal die Ähnlichkeit zwischen Terje und seinem Vater auf. Sie haben beide so ein liebes Lächeln. Mit dem Terje richtig nett und normal aussieht, aber das immer nur dann auftaucht, wenn Terje vergisst, ein Pitbull zu sein. Wenn Terje so lächelt, merke ich, dass ich ihn fast ein bisschen mag.
Plötzlich wird Terjes Gesicht wieder ernst.
»Jetzt müssen wir aber zusehen, dass wir nach Hause kommen«, flüstert er.
Sein Vater nickt.
»Ja«, lallt er.
Terje hockt sich auf den Boden und bereitet die Schuhe seines Vaters für den Einstieg vor. Ich helfe ihm dabei. Es gelingt uns, ihn verhältnismäßig zügig und verhältnismäßig lärmfrei in seine Schuhe zu verfrachten. Terje holt den Weihnachtsmannbart vom Sofa. Sein Vater zieht ihn über den Kopf.
»Das ging doch wunderbar«, sagt Torstein lächelnd.
»Ja«, antworte ich. »Danke für Ihre Hilfe!«

Torstein lächelt. Ich könnte fast schwören, dass er ein wenig rot wird. Zur Feier des Tages, sozusagen. Dann dreht er sich um und will gehen.
Erst als er die Türklinke runterdrückt, fällt mir auf, dass er sich in die falsche Richtung gedreht hat und direkt in Mamas Schlafzimmer schwankt.

ANGRIFF DER WEIHNACHTSMÄNNER

Als Torstein mit der Tür ins Zimmer fällt, hallt ein Schrei durch die Wohnung. Der Schrei kommt von Mama. Ich kann von meinem Platz im Flur nicht alles sehen, nur, wie das Licht plötzlich aufflackert, Torstein zusammenzuckt, stolpert und vornüberfällt. Der Schrei wird immer lauter, verdoppelt sich, wird schauderhaft schrill.

Ich renne ins Schlafzimmer. Torstein liegt quer über Mama und strampelt mit den Armen und Beinen, während Mama mit geballten Fäusten auf seinen Kopf einhämmert.

»Jim, Jim, Hilfe!«, schreit sie. »Jiiiiim!«

Torstein windet sich laut stöhnend. Ich packe ihn an der einen Schulter, Terje an der anderen. Auf halben Weg reißt Torstein sich los und fällt *Pladatsch* wieder über Mama, woraufhin Mama noch einen Tick lauter schreit. Sie fuchtelt wild durch die Luft, wobei ein Fingernagel mir über die Wange kratzt und eine brennende Schramme hinterlässt.

Mit gemeinsamer Kraftanstrengung schaffen wir es schließlich, Torstein zu packen und vom Bett zu wälzen. Er plumpst wie ein nasser Sack auf den Boden. Mama zieht die Beine an und rollt sich zusammen. Die Schreie gehen

in leise Schluchzer über. Sie ist leichenblass im Gesicht. Und dann kommen die Tränen. Sie läuft regelrecht über.
Ich stehe wie gelähmt da.
Torstein krabbelt auf die Türöffnung zu, wo er sich mit Hilfe des Türrahmens auf die Beine zieht. Terje und ich schieben uns unter je einen seiner Arme und lotsen ihn zur Wohnungstür.
»'schuldigung«, nuschelt er in seinen Bart. »Da hab ich mich wohl in der Tür geirrt!«
Ich werfe einen Blick über die Schulter zu Mama. Sie zittert am ganzen Leib und schluchzt ohne Ende. Ihre Augen sind schwarz und die Tränen laufen ihr in Bächen übers Gesicht.
Bloß raus hier.
Torstein entwindet sich unserem Griff, als wir auf die Treppe raustreten. Er torkelt die Stufen hinunter und läuft direkt gegen die Mülltonne, die erneut scheppernd zu Boden geht. Mama schreit gellend. Mein Inneres glüht, als ob ich Grillkohle verschluckt hätte.
Ich muss zu ihr. Vorher muss ich mich nur noch von Terje verabschieden. Er steht auf der unteren Treppenstufe und sieht kopfschüttelnd seinem Vater hinterher, der die Straße entlangschwankt. Terje stöhnt genervt. Ich kann verstehen, dass er sauer ist. Er hat allen Grund dazu. Da schleppt er seinen Vater unter Aufbringung aller Kräfte mitten in der Nacht hierher und der einzige Dank ist eine durchgedrehte Mutter.

Aber Terje sieht eigentlich nicht wütend aus. Eher traurig. Seine Augen sind wie zwei Glassplitter. Weiter hinten auf der Straße stolpert Torstein über seine eigenen Füße und verschwindet fluchend und ächzend kopfüber in einem Schneehaufen.

Terje verdreht die Augen.

»Reiß dich zusammen, Papa!«, ruft er.

»Ach, halt doch den Mund!«, knurrt Torstein und rappelt sich wieder auf.

Terje sieht mich an und seufzt resigniert.

Man mag viel Negatives über Terje sagen können. Aber sein Vater ist mindestens genauso schlimm wie Mama.

»Bis morgen«, sage ich.

»Terje!«, brüllt Torstein. Terje zuckt zusammen.

»Aber nicht bei mir«, sagt er.

»Jim! Jim!«, kreischt Mama aus ihrem Zimmer.

»Und auf keinen Fall bei mir«, sage ich.

MEGAANGST

Mamas Blick ist tausend Kilometer weit weg.
Ich nähere mich ihr ganz langsam. Versuche ihr in die Augen zu sehen. Das ist, als würde ich in ein schwarzes Loch blicken.
Als ich mich auf die Bettkante setze, tritt Mama mir gegen den Oberschenkel.
»Geh weg!«, faucht sie mich an.
»Ich will dich doch bloß trösten«, sage ich.
»Nein!«
Sie schüttelt heftig den Kopf und wendet das Gesicht ab.
Ich ziehe mich ein Stück zurück, weiß nicht recht, wie ich mich verhalten oder was ich sagen soll.
»Der Strom ist wieder da«, versuche ich es zögernd.
Mama weint.
Da bleibt mir wohl nichts anderes übrig, als es mit dem Doktor zu probieren.
»Morgen wäre übrigens noch ein Termin für eine Lobotomie frei …«
Mama durchbohrt mich mit schwarzen Blicken.
»Mach, dass du rauskommst!«, schreit sie.
Und ich mache, dass ich rauskomme.

DIE ANGST HÄLT AN

Sie weint die ganze Nacht. Und stöhnt. Schweres Stöhnen, bei dem sich mir jedes Mal ein Messer ins Fleisch bohrt.

Sobald ich mich umdrehe und das Bett leise knarrt, geht ein Zittern durch ihren Atem.

»Jim? Jim, bist du das?«, fragt sie.

»Ja, Mama.«

»Du darfst mich nicht so erschrecken!«

Das Einzige, was jetzt helfen würde, wäre absolute Ruhe. Solange es keinen Anlass zur Angst gibt, braucht sie keine Angst zu haben.

Das Leben draußen macht ihr Angst. Kein Wunder. Da draußen lauern alle möglichen Gefahren. An jeder Straßenecke werden Leute niedergeschlagen. Da laufen Exhibitionisten rum und zeigen ihren Pimmel. Mit Ketten und Messern bewaffnete Jugendbanden erschrecken alte Leute zu Tode.

Aber Mama kann schließlich gar nichts passieren, solange sie nur in der Wohnung bleibt und das Draußen nicht zu ihr hereinkommt.

Es war nicht sehr clever, Terje und seinen Vater in die Wohnung zu lassen, das gebe ich ja zu. Von nun an nehme ich niemanden mehr mit nach Hause. Wenn ich was mit Terje unternehmen will, dann nur außerhalb der Wohnung. Frische Luft ist gesund und ein oder zwei Playmobilfiguren kann ich sicher immer mit nach draußen nehmen. Wir werden uns schon daran gewöhnen. Mit ein bisschen positiver Einstellung kann man sich an das meiste gewöhnen. Wer Geschwister hat, muss sich an Schwestern und Brüder gewöhnen, die einen ärgern und verkloppen, zum Beispiel. Wer einen Vater hat, muss sich wohl oder übel an ihn gewöhnen, egal wie streng oder mürrisch er ist. Und alle, die eine Mutter haben, wissen, dass das auch nicht immer ein Zuckerschlecken ist. Aber es ist möglich. Man kann sich selbst an einen Irren wie Terje gewöhnen.

Ich zum Beispiel habe mich schon fast an ihn gewöhnt. Bald fange ich womöglich sogar an, ihn zu mögen.

Vielleicht habe ich damit ja auch schon angefangen.

WEIHNACHTEN ADE!

Nach dem Aufwachen schleiche ich als Erstes in Mamas Zimmer.

Sie lehnt kreidebleich in ihren Kissen und starrt finster vor sich hin. Ihr Atem geht schnell. Das Gesicht ist zu einer zornigen Grimasse erstarrt.

»Ich muss Weihnachten absagen«, sagt sie.

Ich bin völlig platt.

»O nein«, protestiere ich schwächlich.

Da fängt sie an zu weinen. Ein richtiges Angst-Weinen. Trocken und heiser, und dabei zittert sie so heftig, dass ich fast befürchte, sie könne jeden Moment in tausend Stücke zerbrechen.

Meine Schultern und mein Nacken versteifen sich.

Vielleicht ist sie jetzt ja endgültig übergeschnappt. Vielleicht wird sie nie wieder normal. Vielleicht sitzt sie von nun an ständig heulend in ihrem Bett und starrt finster durchs Zimmer. Irgendwann erkennt sie mich dann nicht mehr und ruft vor lauter Angst die Polizei. »Bringen Sie den Jungen hier weg!« Und wenn die Polizei sie in diesem Zustand sieht, wird sie schneller ins Irrenhaus eingewiesen, als ein Ferkel blinzeln kann.

Ich flitze ins Wohnzimmer und sortiere die Tischdekoration in eine zerbeulte Pappschachtel ein.
Wenn ich mir Mühe gebe, komme ich auch ohne Weihnachten aus. Millionen Kinder wissen noch nicht einmal, was Weihnachten ist, und keins von denen ist daran gestorben. Außerdem ist Weihnachten ein christliches Fest. Und ich bin eigentlich nicht besonders christlich. Ich pflücke den Weihnachtsschmuck vom Baum und versuche, nicht an Mamas Weinen zu denken. Wenn ich die Wahl hätte, würde ich natürlich gern Weihnachten feiern. Aber solange Mama beim Gedanken an Weihnachten durchdreht, habe ich keine Wahl. Da heißt es, die Zähne zusammenzubeißen.
Ich ziehe den Stecker raus, worauf die Lichter am Weihnachtsbaum verlöschen.

Mama sitzt am Kopfende ihres Bettes und hat die Knie unters Kinn gezogen. Sie wippt schluchzend und glucksend vor und zurück.
»Ich bin fertig«, sage ich.
Sie scheint mich gar nicht zu bemerken, wippt einfach weiter.
Ihre Schluchzer werden immer heiserer.
Sie starrt finster vor sich hin.
Ich gehe zu ihr, versuche ihren Blick einzufangen, aber sie weicht mir immer wieder aus. Als ob sie ganz woanders wäre und gar nicht merkt, dass ich bei ihr bin.
Das macht mir Angst.
Ich muss in den Bunker!

ZWINGENDE UMSTÄNDE

Ich ziehe mir in Windeseile was über.
Warum soll man nicht in einem Bunker Weihnachten feiern? Das haben im Krieg tausende von Menschen getan. Bis heute Abend können Terje und ich den Bunker locker zurückerobern.
Ich reiße die Haustür auf und glotze direkt in Kurts Visage. Kurt ist ziemlich verdattert. Ich nicht weniger.
Kurts Hand war gerade auf dem Weg zur Klingel. Er verzieht den Mund zu etwas, das wohl ein Lächeln sein soll, und zieht die Hand zurück.
»Na so was!«, sagt er.
Ich schiebe mich an ihm vorbei und ziehe die Tür hinter mir zu. Da entdecke ich Roger. Er steht unter Mamas Schlafzimmerfenster. Mit einem Nagel in der Hand. Dieser Drecksack. Meine Nackenhärchen richten sich auf.
Kurts Gesicht verhärtet sich.
»Hast du darüber nachgedacht?«, fragt er.
Roger hebt den Nagel hoch und legt ihn auf die Scheibe. Er sieht mich an und zieht ihn ganz gemächlich über das Glas. Es quietscht höllisch laut.
»JA!«, sage ich.

Roger hört auf.
Kurt starrt mich an. Seine Fresse sieht aus wie eine geballte Faust.
»Die Antwort ist Ja!«, wiederhole ich.
Kurt ringt sich ein Lächeln ab, was aber nichts daran ändert, dass er genauso grimmig aussieht wie vorher. Roger lässt die Hand mit dem Nagel sinken.
Jetzt muss ich mir einen verflixt guten Plan einfallen lassen.

WAS VOM BUNKER ÜBRIG IST

Der Bunker ist nicht mehr so, wie ich ihn in Erinnerung habe.

Drinnen ist es schummrig und muffig feucht. Es riecht nach Pisse. Nein, es stinkt. Und an den Wänden sind noch mehr Bilder von nackten Frauen dazugekommen. Mir wird übel. Aber das Schlimmste ist die unerträgliche Kälte. Die Betonwände sind von einer Frostschicht überzogen. Der Bunker friert.

Ich versuche, den Radiator anzuschalten.

»Kaputt«, klärt Roger mich auf.

Kurt erklärt mir seinen Plan. Ich soll Terje holen und in den Bunker locken. Sobald er drinnen ist, wollen Kurt und Roger ihn fertig machen.

»Dem zeigen wir's«, sagt Kurt.

»Den prügeln wir grün und blau!«, sagt Roger.

»Und jetzt«, sagt Kurt, »jetzt gehst du los und holst ihn!«

VOR TERJES HAUS

Ich stehe an dem Hang hinter dem Hochhaus, in dem Terje wohnt. Von meinem Platz aus kann ich direkt in sein Wohnzimmer gucken. Gleich hinter der Balkontür steht der kleine Weihnachtsbaum. Er ist mit bunten Kugeln und langen Lamettastreifen geschmückt. Die Lichter schimmern sanft.

Der Anblick versetzt mir einen Stich ins Herz.

Es sieht so wunderbar aus.

Terje ist ein echter Glückspilz. Er hat vielleicht nicht unbedingt den besten Vater der Welt. Aber wenigstens darf er Weihnachten feiern.

Zwischen den Bäumen rauscht ein schneidender Wind. Und dunkel ist es. Sehr dunkel.

Ich setze mich in Bewegung.

Mein Plan ist simpel, aber ziemlich genial: Terje und ich gehen zusammen zum Bunker. Und verprügeln Kurt und Roger. Die fliehen Hals über Kopf. Und der Bunker gehört wieder uns.

Ich weiß nicht, warum ich nicht eher darauf gekommen bin.

Ich klingele bei Terje. Es dauert eine Weile, bis die Gegensprechanlage zu knistern beginnt.
»Ja?«
Das ist Terje. Er klingt erschöpft.
»Ich bin es«, sage ich.
Im Hintergrund höre ich Torstein rufen: »Terje, ich rede mit dir!«
Wildes Rauschen und Knacken im Lautsprecher.
»Der Bunker ist unser!«, sage ich.
Ein Klatschen ist zu hören, danach ist der Lautsprecher stumm.
Ich warte. Es scheint mir nicht sehr ratsam, noch mal zu klingeln.
Da höre ich das Quietschen von Türangeln. Das muss Terjes Balkontür sein. Im nächsten Augenblick kracht direkt hinter mir etwas in den Schnee. Ich fahre herum. Das ist der Weihnachtsbaum. Terjes Weihnachtsbaum. Die Zweige ragen in die Luft. Das Lametta hat sich gelöst und flattert im Wind. Ein paar der Kugeln sind zersplittert. Die Lichterkette liegt wie eine tote Schlange auf dem Gehweg. Der Wind rüttelt an einem Strohstern und fegt ihn in hohem Tempo davon.
Die Balkontür knallt zu.
Ich stelle mich neben den Weihnachtsbaum und gucke zu Terjes Wohnung hoch, aber die Balkonbrüstung ist im Weg, ich kann nichts sehen. Dafür höre ich umso deutlicher Torsteins Stimme dort oben wüten. Ich gehe weiter weg,

bis ich ins Wohnzimmer gucken kann. Aber außer einem Bücherregal und ein paar Bildern an der Wand kann ich nichts erkennen.
Also klettere ich wieder den Hang hoch, über den ich gekommen bin. Von hier aus kann ich das ganze Wohnzimmer einsehen. Torstein steht mitten im Raum und hält sein Portemonnaie hoch. Sein Gesicht verzieht sich zu wütenden Grimassen, während er in einer Tour schimpft und mit der Brieftasche herumwedelt. Terje sitzt vornübergebeugt auf dem Sofa und hält etwas im Arm. Torstein schreit und Terje krümmt sich zusammen.
Jetzt erkenne ich, was er im Arm hält. Das ist das Geschenk. Mein Geschenk.
Torstein scheint zu glauben, dass Terje Geld geklaut hat, um das Geschenk zu kaufen. Für sich.
Er schleudert die Geldbörse gegen die Wand. Dann packt er Terje am Arm und rangelt mit ihm, um ihm das Päckchen zu entreißen, aber Terje klammert sich daran fest. Torsteins Gesicht wird immer wilder. Mit einem Ruck reißt er das Paket aus Terjes Armen und beginnt, das Papier abzureißen. Da läuft Terje aus dem Wohnzimmer in den hinteren Teil der Wohnung und ist nicht mehr zu sehen. Wahrscheinlich ist er in sein Zimmer gegangen.
Torstein brüllt hinter ihm her, während er das Papier in Fetzen reißt. Plötzlich hält er inne. Er starrt die Schachtel an und schüttelt den Kopf. Dann nimmt er ein Glas mit einer durchsichtigen Flüssigkeit vom Tisch, leert es in einem Zug

und knallt es wieder auf den Tisch. Plötzlich wirft er die Playmobilschachtel auf den Boden und tritt so heftig dagegen, dass sie gegen die Wand fliegt. Ich höre es regelrecht knacken.

Es ist ziemlich schlimm, eine Mutter zu haben, die Angst hat. Aber meine Mutter bläst Weihnachten nur ab. Terjes Vater wirft es übers Balkongeländer.

KRISE

Ich renne um den Wohnblock. Terjes Zimmer ist auf der anderen Seite. Ich habe vor, einen Schneeball gegen sein Fenster zu werfen und mir dann was Cleveres einfallen zu lassen, wie ich ihn retten kann.

Als ich um die Hausecke biege, kriege ich einen furchtbaren Schock: Terje hängt an zwei zusammengeknoteten Laken aus seinem Fenster in der zweiten Etage! Sein massiger Körper schwingt hin und her. Bis zum Boden sind es mindestens noch zwei Meter.

Ich pflüge durch den tiefen Schnee und stelle mich unter ihn.

»Ich fang dich auf!«, rufe ich.

Terje zuckt zusammen und starrt mich panisch an. Sein Atem geht stoßweise.

»Spring!«, rufe ich.

Terje kneift die Augen zu, klammert sich aber weiter fest an das Laken.

»Mach schon!«, rufe ich.

Im nächsten Augenblick landet sein dicker Hintern auf mir und drückt mich in den eiskalten Schnee.

Mir wird schwarz vor Augen. Und kalt ist es. Ich kann mich nicht rühren. Terje ist ungeheuer schwer.

Nach einer Weile verschwinden der dicke Hintern und die Beine.
Ich hebe den Kopf. Terje hat sich auf den Bauch gerollt.
»Ich weiß jetzt, wie wir den Bunker zurückkriegen!«, sage ich.
Terje sieht mich mit schneeverschmiertem Gesicht an. Er sieht aus wie ein Eisbär.
Aus seinem Zimmer dringt ein Poltern nach unten. Terje krabbelt eilig um die Hausecke.
»Ich habe einen Plan«, flüstere ich. »Du gehst zum Bunker …«
»TERJE!!!«
Das ist Terjes Vater.
Er hängt aus dem Fenster und ruft, nein, brüllt: »TEEER-JEEE!!!«
Es hallt über die ganze Straße.
Ich wage einen vorsichtigen Blick zu dem Gebrüll hoch. Torstein füllt mit seinem gigantischen Körper den gesamten Fensterrahmen aus. Sein Gesicht ist zu einem megawütenden Ausdruck verzerrt, er knurrt, dass die Hängebacken zittern. Er sieht aus wie ein tollwütiger Hund, den man aus Sicherheitsgründen besser einschläfern sollte.
In diesem Moment entdeckt Torstein mich. Er hört auf zu knurren. Sein Atem pfeift und rasselt, als wäre er gerade hundert Kilometer Langlaufski gelaufen.
»Wo ist Terje?«
Ich zucke mit den Schultern.
»WO IST TERJE?«, donnert Torsteins Stimme auf mich

herab. Ich zeige hastig in die falsche Richtung. Dahin, wo der Bunker nicht ist.

Torstein starrt in die Richtung, in die ich gezeigt habe, und ich nutze die Gelegenheit, um hinter Terje herzulaufen.

Oh.

Terje ist weg.

Er wackelt in für seine Verhältnisse affenartiger Geschwindigkeit über den Parkplatz auf den Pfad zu, der zum Bunker führt.

Oben am Fenster steht Torstein und poltert hinter mir her. »Bestell ihm einen schönen Gruß und sag ihm, dass er vergessen kann …«

Plötzlich schließt er Augen und Mund. Er holt tief Luft, in langen Atemzügen. So wie Mama es macht, wenn sie Angst hat und sich beruhigen will.

Ganz langsam macht er die Augen wieder auf.

»Warte!«, knurrt er und verschwindet in der Wohnung.

Ich habe, ehrlich gesagt, keine Zeit zu warten. Bei dem Tempo ist Terje im Handumdrehen beim Bunker. Und dort warten bereits Kurt und Roger auf ihn, um Hackfleisch aus ihm zu machen, wenn nicht noch Schlimmeres.

Ich setze mich in dem kniehohen Schnee in Bewegung.

»Warte!«

Torstein erscheint mit einem Arm voller Klamotten am Fenster. Er lässt sie einfach in den Schnee fallen.

»Sag Terje, dass er das anziehen soll!«, schimpft er. »Damit er sich nicht erkältet!«

Ich raffe die Kleider zusammen, eine Jacke, ein Paar Stiefel, eine Wollmütze und Handschuhe, während Torstein die Lakenleiter einzieht. Der Wind zaust durch sein Haar.
Und dann verschwindet er in der Wohnung.
Ich renne, so schnell ich kann. Es geht nur langsam voran, weil mir immer wieder ein Stiefel oder ein Handschuh auf den Boden fällt. Ich muss jedes Mal anhalten. Am Ende stopfe ich kurz entschlossen die Handschuhe und die Mütze in die Ärmel der Jacke, ziehe die Stiefel über die Hände und lege die Jacke über den Arm. Und dann laufe ich los. Schnell wie der Wind.

IM BUNKER IST DER TEUFEL LOS

Vom Parkplatz aus ist der Pfad zum Bunker kaum zu erkennen. Terje ist nirgends zu sehen. Wahrscheinlich haben Kurt und Roger ihn schon in der Mangel.
Auf dem letzten Stück lege ich einen Superspurt hin. Ich schlittere die Böschung hinunter und komme mit einer Vollbremsung direkt vor der Tür zum Stehen. Sie ist angelehnt. Von drinnen dringen Stöhnen und Ächzen nach draußen. Und ziemlich häufig »Au«.
Ich brauche eine Waffe. Ich sehe auf Terjes Stiefel an meinen Händen und stelle mir vor, es wären Boxhandschuhe. Dann nehme ich Anlauf und stürme zur Tür rein.
Roger hängt wie ein Klammeraffe auf Terjes Rücken und wird von Terje hin und her geschleudert. Kurt steht vor ihm und boxt ihm mit den Fäusten in den Bauch.
»Au!«, stöhnt Terje aufgebracht.
Mit einem lauten Brüllen ramme ich Roger die Stiefel in den Rücken. Er schreit auf, lässt Terje los und landet auf dem Boden.
Kurt sieht mich mit weit aufgerissenen Augen an.
»Jim?«

Terje rammt Kurt, sodass der hintenüberfällt. Dann lässt er sich auf ihn fallen und zwingt seine Arme zu Boden.
Roger ist inzwischen wieder auf den Beinen und kommt drohend auf mich zu. Ich hole mit einem Arm aus und platziere den Stiefel genau auf seiner Nase. Roger brüllt laut auf. Rasend vor Wut und Schmerz stürzt er auf mich zu, rammt mir den Kopf in den Bauch und tritt mir gegen das Schienbein. Das Nächste, was ich merke, ist, dass ich mit dem Rücken auf dem Boden aufschlage.
Bevor ich reagieren kann, liege ich rücklings neben Kurt. Roger hockt über mir.
»Jim?«, ruft Kurt. »Was soll das?«
»Bist du blöd, oder was? Er erobert den Bunker zurück!«, brüllt Terje.
Roger verzieht das Gesicht. Jetzt sieht er aus wie ein Gorilla.
»Verdammter Verräter!«, keucht er. Spucketropfen regnen auf mich herab. Er drückt meine Arme auf den kalten Beton.
»Wir hatten doch eine Abmachung!«, ruft Kurt.
Terje schüttelt Kurt.
»Ergibst du dich?«, faucht er. Kurt schüttelt den Kopf.
Roger schüttelt mich.
»Ergibst du dich?«, ruft er. Ich schüttele den Kopf.
»Jetzt haben wir sie!«, rufe ich Terje zu.
Kurt gibt einen halb erstickten Gurgellaut von sich. Ich drehe den Kopf zur Seite, um zu sehen, was passiert. Terje

hat eine riesige Pranke um Kurts Hals gelegt und drückt zu, während er mit der anderen Faust Kurts Hände auf den Boden drückt. Kurts Gesicht ist rot wie ein Pavianpopo.
Roger umklammert meine Handgelenke so fest, dass seine Fingernägel in meine Haut schneiden. Das tut weh.
Kurt schnappt japsend nach Luft. »Jim wollte uns helfen, dich zu verkloppen!«, keucht er.
Terje schüttelt so energisch den Kopf, dass seine Pausbacken wackeln.
»Da hast du wohl was missverstanden«, sagt er. »Jim und ich sind nämlich beste Freunde.«
Terje sieht mich an. Seine Stirn legt sich in Falten.
»Stimmt doch, oder?«, sagt er, wobei seine Stimme einen Tick unsicher klingt.
»Ja!«, rufe ich.
In diesem Augenblick kriegt Terje einen Kinnhaken verpasst. Kurt hat Terjes kurze Unaufmerksamkeit genutzt und einen Arm befreit. Jetzt schlägt er um sich und strampelt mit den Beinen, um freizukommen, während Terje sich überrumpelt ans Kinn fasst.
»Wir sind beste Freunde!«, rufe ich.
Roger steht auf und zerrt mich an den Armen zur Tür. Ich winde mich wie ein Aal und trete um mich. Und da passiert etwas sehr Dummes: Kurt schafft es, sich zu befreien, und wirft Terje zu Boden. Ich wehre mich nach Leibeskräften, aber Roger schlurft mich einfach über den Betonboden und schiebt mich über die Schwelle nach draußen

wie nichts. Er schubst mich zu Boden und knallt die Tür hinter mir zu.
Ich bin schnell wieder auf den Beinen und hämmere mit den Fäusten gegen die Tür, aber sie rührt sich keinen Millimeter.
Dahinter sind die typischen Geräusche einer Schlägerei zu hören. Hier ein Klatschen, da ein dumpfer Schlag. Und Stöhnen und Ächzen.
Armer Terje.

FREUNDE

Plötzlich ist es still.
Jetzt haben sie Hackfleisch aus ihm gemacht.
Ich laufe die Böschung hoch und bringe mich in Sicherheit.
Die Wellen brechen sich am Strand und der Wind pfeift.
Der Himmel ist pechschwarz.
Da bewegt sich die Klinke. Die Bunkertür fliegt mit einem Knall auf. Terje kommt zum Vorschein. Mann, macht mich das froh! Ohne eine einzige Schramme im Gesicht. Auf Strümpfen.
Er schaut zu mir hoch und kratzt sich am Kopf.
»Du?«, sagt er. »Wie war eigentlich der Plan?«
Er hat den Satz kaum zu Ende gesprochen, als die Tür hinter ihm zuknallt. Terje sieht sich verdutzt um.
Als wir den Pfad entlanglaufen, erzähle ich ihm von meinem *ursprünglichen* Plan. Terjes Stirn legt sich während meiner Erläuterung zunehmend in Falten. Schon klar. Der Plan war ziemlich schwach.
Terje schüttelt langsam den Kopf.
»Irre, so ein genialer Plan!«, sagt er.
»Na ja«, sage ich. »Er hätte besser sein können.«
»Nächstes Mal«, sagt Terje. »Nächstes Mal packen wir es!«

Wir gehen an Terjes Wohnblock vorbei. Die Zweige des Weihnachtsbaums schwanken im Wind. Ich schiele vorsichtig zu Terje rüber. Sein Mund ist zusammengekniffen und die Wangen sind eingefallen, sein Blick hat irgendwie Risse.

»Hast du es ihnen ordentlich gegeben?«, frage ich.

»Hä?«

Terje ist mit den Gedanken woanders.

»Kurt und Roger«, helfe ich ihm auf die Sprünge.

»Ach, geht so«, sagt er. Und lächelt. Jetzt sehen seine Wangen wieder aus wie Gummibälle. Und man sieht es wieder: dass er in Ordnung ist.

In diesem Moment tut sich etwas. Hinter uns. Da ruft jemand. Wir drehen uns um.

»Shit!«, sagt Terje.

Auf der Treppe vor der Eingangstür steht Torstein und winkt uns zu. Sein Gesicht ist zu einer Grimasse verzogen. Ich glaube, das soll ein Lächeln darstellen.

»Terje?«, ruft er. Er gibt sich echt Mühe, freundlich zu klingen. Aber uns kann er nicht täuschen.

Terje und ich spurten los, so schnell wir können.

AUF DER FLUCHT

Wir laufen um unser Leben. Torstein ebenfalls. Zum Glück schleppt er ziemlich viel Körpermasse mit sich herum. Dummerweise hat Terje davon auch eine ganze Menge geerbt. Er fällt immer weiter zurück.

Ich stürme die Treppe zur Haustür hoch.

Meine Lungen pfeifen und mein Herz pumpt wie verrückt.

Mama!

Ich kann nicht einfach so in die Wohnung stürmen! Torstein ist wahnsinniger als die gesamte Belegschaft eines Irrenhauses. Mama wird eine Scheißangst kriegen.

Ich sehe mich nach Terje um, der die Straße heraufgewalzt kommt. Torstein ist nur wenige Meter hinter ihm.

Ich muss es tun.

Ich klopfe das Geheimsignal. Eins, zwei, drei.

Bitte, lass es klappen!

»Jim, bist du das?«

Mama. Ihre Stimme klingt nur ganz wenig ängstlich.

»Ja«, sage ich so ruhig und entspannt, wie es mir möglich ist.

Die Sicherheitskette rasselt. Das Schloss dreht sich. Ich stoße die Tür auf. Mama springt erschrocken zurück.

»Mach die Tür zu!«, heult sie und greift sich an die Brust.
Und ich schließe die Tür und drehe den Schlüssel herum.
Mein Herz hämmert. Meine Ohren glühen. Ich lasse meine Stimme so gewöhnlich und locker klingen, wie ich kann.
»Kann Terje mit reinkommen?«
Mama schüttelt energisch den Kopf.
»Nicht jetzt«, sagt sie.
Wildes Getrampel auf der Treppe. Mama fährt zusammen und starrt zu Tode erschrocken auf die Tür.
»Leg die Sicherheitskette vor!«, schreit sie.
In meinem Kopf brodelt es. Ich muss es ihr irgendwie begreiflich machen.
»Sein Vater ist hinter ihm her!«, sage ich. »Der ist ausgerastet!«
»Ausgerastet?«
Ihr Blick verfinstert sich. Die Türklinke hüpft wild auf und ab. Mama schüttelt entschieden den Kopf.
»Ich habe Angst!«
Da passiert es. Das Schlimmste, was passieren kann. Ich explodiere.
In meinem Kopf bricht ein Gewitter los.
Und aus mir heraus bricht ein dröhnendes BRÜLLEN.
Ein richtiges Donnerbrüllen.
Das im Hals brennt. Und in den Ohren pfeift. Und einem alle Knochen durcheinander schüttelt.
Wahrscheinlich raste *ich* jetzt gleich aus.
Ganz langsam öffne ich die Augen.

Mama drückt sich zusammengekrümmt gegen die Wand und presst sich die Hände auf die Ohren. Ich scheine immer noch zu brüllen. Das Brüllen dröhnt zwischen den Wänden. Mama kneift die Augen zusammen. Sie weint. Aber das kann ich nicht ändern. Er ist nun mal mein bester Freund.
Ich reiße die Tür auf. Terje zuckt zusammen. Er hat mich eben noch nie ausrasten sehen. Hinter ihm kommt Torstein angerannt. Direkt vor der Treppe bleibt er abrupt stehen. Mein Brüllen macht jedem Presslufthammer Konkurrenz. Torstein lächelt unsicher. Soll er doch. Ich brülle, was meine Lungen hergeben. Sein Lächeln huscht davon wie ein Floh. Ich brülle, bis ich völlig ausgepumpt bin. Das Echo hallt zwischen den Häuserwänden wider.
Ich bin völlig benommen, mein Hals ist trocken.
Terje und Torstein sehen aus, als ob sie einem Zombie begegnet wären.
Torstein räuspert sich. »Ich wollte Terje abholen«, sagt er leise.
»Terje übernachtet bei mir!«, schreie ich ihn an.
Torstein schüttelt verunsichert den Kopf.
»Doch!!!«, brülle ich.
Terje sieht mich mit jubelndem Blick an. Das wulstige Gesicht seines Vaters ist von tiefen Sorgenfalten durchzogen. Er setzt einen Fuß auf die untere Treppenstufe, aber bevor er den anderen Fuß nachzieht, hält er plötzlich inne und reißt erschrocken die Augen auf. Er scheint etwas ent-

deckt zu haben. Etwas richtig Furchtbares. Hinter meinem Rücken.

Ich drehe mich um.

Da steht Mama. Direkt hinter mir. Sie ist entsetzlich blass. Sieht aus wie Marilyn Manson. Im Bademantel.

»Komm, Terje!«, sagt sie. *Entschieden.*

Terje nickt, tritt über die Türschwelle und drängt sich zwischen mich und den Türrahmen. Mama stellt sich neben mich.

»Ich denke, es ist das Beste, wenn Sie jetzt gehen«, sagt sie und starrt Torstein megastreng an.

Terjes Blick wandert zwischen mir und Mama hin und her.

»Mh-mh!«, sagt er.

Torstein sieht Mama fragend an, ehe er vorsichtig den anderen Fuß auf die zweite Treppenstufe setzt. Mama macht einen Schritt nach vorn. Torstein grinst nervös und weicht schnell einen Schritt zurück.

»Mach, dass du nach Hause kommst!«, knurrt Terje.

Torstein sieht ihn an. Seine Augen sehen aus wie gesprungene Fensterscheiben. Seine Wangen hängen schlaff herunter.

»Auf Wiedersehen!«, sagt Mama.

Torstein blickt zu Boden und nickt. Dann dreht er sich um und geht.

Es gibt nur wenige Dinge die so erschreckend sind wie eine energische Frau, die Angst hat.

ENDLICH WEIHNACHTEN

Terje pustet an seinem dampfenden Kakao und nimmt einen Schluck.

Wir sitzen auf meinem Etagenbett. Mama hat Terje in zwei Bettdecken und eine Wolldecke gewickelt. Der Arme war völlig durchgefroren. Mir reicht eine Wolldecke. Und ein köstlicher Becher Kakao.

»Du bist ausgerastet«, sagt Terje.

»Ja, scheint so«, antworte ich.

»Manchmal lohnt es sich.«

»Mh-mh.«

Mama hüstelt. Sie hat den Stecker der Weihnachtsbaumbeleuchtung in der Hand, bereit, ihn in die Steckdose zu stecken. Während Terje und ich es uns mit Kakao und Lebkuchenmännern in meinem Bett gemütlich gemacht haben, hat sie den Baum geschmückt. Sie will jetzt doch Weihnachten feiern. Als Terje erzählte, dass sein Vater Weihnachten auch abgesagt hat, hat sie sich umentschieden.

»Da werde ich wohl die Zähne zusammenbeißen müssen«, hat sie gesagt und den Weihnachtsschmuck wieder hervorgekramt. Glücklicherweise sind es bis Heiligabend nur noch wenige Minuten, die Gefahr, dass sie es sich noch einmal anders überlegt, bevor Weihnachten anfängt, ist also nicht sehr groß.

Der Weihnachtsbaum lehnt an meinem Bett. Terje und ich beugen uns vor, um ihn komplett in Augenschein nehmen zu können.

»Seid ihr bereit?«, fragt Mama.

»Jepp!«, sagt Terje.

Mama geht in die Hocke und steckt den Stecker ein. Die Lichter funkeln und glitzern wunderbar.

Mama atmet auf.

»Jetzt gehe ich ins Bett«, sagt sie.

Wir sagen Gute Nacht und Mama geht in ihr Zimmer. Sie lässt die Tür angelehnt.

»Sie sieht längst nicht mehr so ängstlich aus wie vorhin«, flüstert Terje.

»Nein, im Moment hat sie überhaupt keine Angst.«

»Wie schön.«

»Aber das geht ständig auf und ab.«

»Genau wie bei Papa. Glücklich und nett an einem Tag, besoffen und durchgeknallt am nächsten.«

Terje kriegt wieder diesen traurigen Blick.

»Du?«, sage ich.

»Mh-mh«, murmelt Terje.

»Mama und ich packen unsere Geschenke normalerweise um zwölf Uhr aus …«

Terje schaut auf die Uhr.

»Es ist doch schon nach zwölf!«, sagt er. Und dann lächelt

er, dass er richtige Pausbacken kriegt und ein sanftes Schimmern in den Augen.

Wir klettern aus dem Bett und setzen uns auf den Boden, direkt vor dem Weihnachtsbaum, unter dem die Geschenke liegen. Besonders viele sind es nicht. Aber das Geschenk, das Terje von Mamas Geld für mich gekauft hat, liegt da. Vor einer halben Stunde haben wir draußen auf der Treppe Geräusche gehört. Als ich aus dem Fenster guckte, habe ich gesehen, wie Terjes Vater das Päckchen auf die Treppe gelegt hat. Dann hat er sich noch einmal mit traurigem Blick umgesehen, ehe er wieder abgezockelt ist.

Es ist nicht mehr viel Geschenkpapier übrig, man kann gleich sehen, dass es das Piratenschiff ist. Und der Karton ist auch ziemlich verbeult. Aber es könnte schlimmer sein. Ich nehme das große Paket und stelle es vor Terje auf den Boden. Er schüttelt den Kopf.

»Das geht nicht!«, sagt er.

»Ich will aber, dass du es kriegst«, sage ich.

»Aber ich weiß doch, was drin ist!«, sagt Terje enttäuscht.

»Das hättest du doch sowieso gleich erfahren.«

Terje sieht das Geschenk an. Er ist noch immer etwas skeptisch.

»Das ist doch kaputt!«

»Dann eben nicht«, sage ich und mache Anstalten, das Paket zurückzulegen. Da schnappt Terje es mir aus der Hand.

»Wenn du unbedingt willst«, murmelt er und reißt das wenige Papier ab, das noch übrig ist.

Terje zieht das Schiff aus dem Karton. Der Mast ist gebrochen und im Deck ist ein Riss. Aber ansonsten scheint es in Ordnung zu sein.
»Ich habe gar kein Geschenk für dich«, sagt Terje seufzend.
»Das macht nichts«, sage ich.
Da beginnen seine Augen zu funkeln.
»Ich muss nur mal schnell aufs Klo!«, sagt er und rennt ins Badezimmer.
Nach einer Weile kommt er mit einem Ball aus Klopapier zurück, den er mir entgegenhält.
»Ich hatte kein Geschenkpapier …«
Ich beginne das Klopapier abzuwickeln.
»Denk dran, es ist der Gedanke, der zählt«, sagt Terje streng.
Ich schlage das Papier auseinander. Im Innern liegt der Pitbull-Terrier aus Styroporkugeln, den Terje beim Weihnachtsbasteln gemacht hat.
Das ist vielleicht nicht das wertvollste Geschenk der Welt. Besonders schön ist es auch nicht. Aber es ist ein Geschenk und ich habe es von Terje bekommen.
»Danke«, sage ich. »Der ist … toll.«
Terje starrt auf seine Finger.
»Das mit dem Pitbull war eine Lüge«, murmelt er.
Es wird still. Aus Mamas Zimmer ist leises Schnarchen zu hören.
»Ich hab auch gelogen«, sage ich und halte den knubbeligen Pitbull hoch. »Der ist ziemlich hässlich.«
Terje sieht den Pitbull an.

»Wir haben alle beide gelogen«, sagt er.

Danach spielen wir mit dem neuen Piratenschiff. Der Pitbull ist ein schreckliches Ungeheuer, das Kapitän Rotbart und seine Besatzung auf einer Insel vor der afrikanischen Küste entdeckt haben. Terje ist das Ungeheuer und ich bin Kapitän Rotbart. Rotbart lernt die Sprache des Ungeheuers und abends führen sie lange philosophische Gespräche über Gott und die Welt. Der Besatzung passt es gar nicht, dass die beiden sich angefreundet haben. Sie zetteln eine Meuterei an, und Rotbart und das Ungeheuer sind gezwungen, alle zu töten.

»Papa wäre bestimmt nicht so deprimiert, wenn er eine Frau hätte«, sagt Terje. Das Ungeheuer liegt im Laderaum des Piratenschiffes und denkt an seine Familie in Pitbulla.

»Mama hat Angst vor Männern«, sage ich, während Kapitän Rotbart seinen abendlichen Spaziergang über das Deck macht.

»Sie sollte sich einen Mann nehmen«, sagt Terje. »Damit sie sich an sie gewöhnt.«

Ich führe Kapitän Rotbart ans Ruder. Das Schiff nähert sich einem Riff, das er umfahren muss.

»Papa betrinkt sich immer ganz fürchterlich, wenn er mit einer Frau verabredet ist«, sagt Terje.

»Am meisten Angst hat Mama vor besoffenen Männern ...«

In dem Augenblick kommt mir eine geniale Idee. Sie blitzt in meinem Kopf auf wie ein Feuerwerk.

Ich sehe Terje an.

»Ich habe einen Plan«, sage ich.
Terjes Augen sprühen Funken. Hat er etwa den gleichen Gedanken?
»Vielleicht sollten wir sie verkuppeln«, sage ich.
Auf Terjes Stirn erscheint eine tiefe Denkfalte.
»Einmal haben sie sich ja schon getroffen«, sagt er. »Und das ging ja … so weit ganz gut.«
»Einen Versuch wäre es auf alle Fälle wert.«
Terje nickt.
»Das könnte klappen«, sagt er.
»Mh-mh«, sage ich. »Das könnte klappen.«

Endre Lund Eriksen wurde 1977 in Bodø (Norwegen) geboren. Sein erstes Buch schrieb er mit acht Jahren, denn Schriftsteller gehörte neben Detektiv und Minister zu seinen vorrangigen Berufswünschen. Bereits mit vierzehn veröffentlichte er eine Kurzgeschichte im Rahmen einer Anthologie für Jugendliche. Er studierte Literatur- und Theaterwissenschaften sowie Geschichte und machte das Schreiben schließlich wirklich zu seinem Beruf. Sein erster Jugendroman *Beste Freunde, kapiert!* war in Norwegen gleich sehr erfolgreich und wurde mehrfach ausgezeichnet. Eine Verfilmung des Romans ist in Vorbereitung.

Jerry Spinelli

DER HELD AUS DER LETZTEN REIHE

Einband von Susanne Heeder.
Aus dem Amerikanischen von Andreas Steinhöfel.
216 Seiten. ISBN 3-7915-1959-X

Donald heißt mit Nachnamen »Zinkoff« und weil nach »Z« im Alphabet keiner mehr kommt, ist er immer der Letzte auf allen Listen und sitzt in der letzten Reihe. Zudem ist er auch noch ein schlechter Schüler und ein ausgemachter Tollpatsch. Doch all das macht ihm nichts aus: Donald ist glücklich, lacht gerne und merkt gar nicht, dass er eigentlich immer der Verlierer ist. Und eines Tages zeigt sich, dass er Recht hat: Da nämlich wird er zum Helden.

DRESSLER

Jerry Spinelli

CRASH – DAS LEBEN IST FOOTBALL

Einband von Kerstin Meyer.
Aus dem Amerikanischen von Andreas Steinhöfel.
192 Seiten. ISBN 3-7915-1961-1

Crash Coogan hat eigentlich auch einen richtigen Vornamen, doch an den kann er sich selbst kaum noch erinnern, denn Crash passt einfach zu ihm. Er ist ein Football-Ass, ständig auf Konfrontation aus und überzeugt davon, der Allercoolste zu sein. Bis eines Tages der kleine Penn Webb nebenan einzieht, der so anders ist als Crash – und damit auch noch Erfolg beim tollsten Mädchen der Klasse hat. Für Crash bricht eine Welt zusammen.

DRESSLER

Jerry Spinelli

STARGIRL

Einband von Susanne Heeder.
Aus dem Amerikanischen von Andreas Steinhöfel.
208 Seiten. ISBN 3-7915-1960-3

Stargirl ist ein außergewöhnliches Mädchen. Sie macht, was sie will, und das kann nicht gut gehen. Erst schneiden ihre Mitschüler sie, dann bewundern sie Stargirl und am Ende schließen sie das Mädchen, das so anders ist, doch wieder aus.

Leo aber verliebt sich in Stargirl. Er versucht, ihre Liebe dadurch zu retten, dass er Stargirl in ein »normales Mädchen« verwandelt. Ein Entschluss, den er erst bereut, als eigentlich alles zu spät ist.

DRESSLER